Wolfgang Büscher

Drei Stunden Null | *Deutsche Abenteuer*

Rowohlt Taschenbuch Verlag

Die Kapitel «Bei den Heiden von Hellersdorf / Sans Souci», «Der letzte Flug
der Betty Lou» und «Der Jude in Charly Rohn / Wüster November» sind
1994 und 1995 in gekürzter Fassung im Magazin der «Süddeutschen Zeitung»
erschienen.

Veröffentlicht im Rowohlt Taschenbuch Verlag
GmbH, Reinbek bei Hamburg, Juli 2003
Copyright © 2002 by Alexander Fest Verlag, Berlin
Umschlaggestaltung: any.way, Wiebke Buckow
(Foto: Photonica)
Gesetzt aus der Bembo (PageOne)
Gesamtherstellung Clausen & Bosse, Leck
Printed in Germany
ISBN 3 499 23634 6

Inhalt

1 | Drei Stunden Null

Der schöne Sommer 45

Einmal muß es vorbei sein. Selten war ein Sommer so herbei-
gesehnt worden – von denen, die am Leben hingen und an
sonst gar nichts mehr, und von denen, die ihr Sterben noch
eine Woche festhielten, noch eine und noch eine, es hinüber-
retteten übers Ende, das doch jeden Tag kommen mußte,
über unglaubliche Strapazen hinweg in diesen tropisch heißen, anarchischen Sommer hinein. Es lebt und stirbt sich
leichter im Licht. Und selten erfüllte ein Ende, das ein Sommer war, die Erwartungen so verschwenderisch.

Ein Mensch von siebzehn Jahren irrte durch die britische
Zone und hatte fürs erste nichts weiter vor, als in die amerikanische zu gelangen. Falls er Bilanz zog, so lautete sie momentan: nichts zu essen, kein Zuhause, kein Ziel, aber alles dran –
zwei Beine, zwei Arme, halbwegs heile Haut. Bei Sinnen
auch. Momentan war ein gutes Wort. Momentan saß er in
einem roten Cabriolet, dessen feste Ledersitze das Rot des
Chassis wiederholten, dessen Kühlergrill ihn an das Skelett
eines fossilen Palmblattes aus dem Schulbuch und dessen
schwellende Kotflügel ihn an die enormen Hüften der Nym-
phen in Neptuns Brunnen erinnerten, vor denen er bei einem
Besuch in Berlin gestanden hatte. Seine Hand folgte der Run-
dung des Lenkrads, prüfte die Festigkeit des Beifahrersitzes,
sein Fuß fühlte den Widerstand der Pedale. Es war nicht sein
Wagen, aber was machte das schon.

Man war viel unterwegs dieser Tage, man wußte nicht
recht, wohin. Millionen zogen durch das, was von Deutschland übrig war, in Trecks, in Zügen, in Kartoffeln, in wie-
derverwertbarem Kriegsschrott, in Diamanten. In einem

Zivil, das häufig vom Heereslieferanten kam. Vielen frisch geschneiderten Blusen und Jacken sah man die abgetrennten Rangzeichen noch an. Die zentraleuropäischen Nomaden des Sommers '45 waren wirklich fahrendes Volk. Sie fuhren nicht von hier nach dort, weil für sie ein Hier und ein Dort nicht mehr existierten. Sie kamen aus Lagern, Städten, Familien, Armeen, die es nicht mehr gab. Ihr Fahren war ein Zustand, kein Weg. Hamsterer fuhren, Händler, Flüchtlinge, Entlassene aller Länder und aller Art, Plünderer, Kinderbanden. Schieber kauften Treibstoff auf oder horteten Morphium, Städter tauschten auf dem Dorf Tafelsilber gegen Rüben, und die Sirenen gaben endlich Ruhe. Es war Sommer, und man war wieder draußen, man sah wieder elegante Frauen und Hüte auf dem Kurfürstendamm. Der Himmel war leer, und die Straßen waren voll.

Manchmal, wenn Armeelastwagen vorbeifuhren, würgte es ihn. Auf den Geruch von Freiheit und Heu legte sich eine andere Süße. Wo sie in letzten Kämpfen mitten im Land gefallen und in Dörfern und Städten begraben worden waren, vor Wochen erst, gruben nun deutsche Strafkompanien die toten Amerikaner wieder aus, um sie in Zink einzusargen. Lastwagen fuhren die Zinksärge zur Küste, wo Schiffe sie übernahmen und heimholten, nach Amerika. Die Familie des jungen Mannes war, wenn alles vorbei wäre, im Harz verabredet, im Hotel von Freunden. Die Suche war Lotterie. Es gab keine Möglichkeit, einen Brief zu schreiben oder zu erhalten oder mal eben irgendwo anzurufen. Aber es waren Millionen Zettel an die Trümmer toter Städte geheftet, Nachrichten gingen von Hand zu Hand und fanden erstaunlich oft ihren Weg durch das Chaos zu demjenigen, für den sie bestimmt waren. Einer dieser Zettel hatte ihn erreicht. Seine Familie lebte. Sie hatte Breslau im letzten Moment verlassen und erwartete das Ende und was danach kommen würde in dem verabredeten Hotel.

Er beugte sich vor, und der Spiegel des roten Autos zeigte ihm ein braungebranntes Gesicht, hager, ein wenig knochig. Er war frei, was immer das hieß, aber doch siebzehn und frei. Er legte den Kopf zurück und gab Gas. Rasend schnell war es mit ihm gegangen. Die hastige Ausbildung an der Waffe, die Gefechtsstellung am Meer, Gefangenschaft. Den Krieg, den man den Zweiten nennen würde, hatte er in weniger als sechs Monaten absolviert, im Crashkurs oder, wie man damals sagte, per Notabitur. Daheim in Breslau hatte man ihn in die improvisierte Klasse gesteckt, in der ein invalider, darum nicht weniger fanatischer Parteigenosse der ersten Stunde andere Invaliden die Grundlagen moderner Technik lehrte. Ein Junge mit zwei Beinen, zwei blauen Augen und heiler Haut unter seinen zerschossenen, amputierten oder sonst von der Front gezeichneten Mitschülern, bis auch er eingezogen wurde. Vom Krieg wußte er genug, um sich zur Marine zu melden, aus Neigung auch, aber vor allem, um der Infanterie zu entgehen und der in diesen Tagen aus der Tiefe des russischen Winters näher und näher rückenden Ostfront.

Winterzeug nahm er mit, Butterbrote und eine beinahe unversehrte Erinnerung. Neujahr '45 ist Breslau, neben Dresden, die letzte deutsche Großstadt, die noch nicht aufgebrochen daliegt wie eine Schliemannsche Grabung. Deshalb haben die beiden Städte auch den Spitznamen gemein: Reichsluftschutzkeller. Aus Berlin, Köln, Essen drängen die Ausgebombten nach felix Silesia. Mütter auf letzten Koffern, Alte, landverschickte Kinder. Ganze Fabriken sind nach hier ausgelagert, und in den Luftkurorten des Riesengebirges nehmen Berliner Ministerien abteilungsweise Quartier. In diesem Winter ist es der Westen, der in den Osten flüchtet. Über eine halbe Million Breslauer teilen ihre Stadt – die alten und die modernen Villenviertel, den gotischen Rathausring und die vielen barocken Kirchen, die Oper, den Zoo und die Vorräte – mit Hunderttausenden aus dem wüsten Land Westdeutschland. Zwei kleinere Bombenangriffe haben eher die staunende Neugier der Breslauer bewirkt als ernstliche Schäden. Noch weiß er es nicht, aber der Junge, der an diesem Wintermorgen in den Krieg zieht, kann von sich sagen, er sei einer der letzten gewesen, die Breslau lebend gesehen haben. Was von daheim zu ihm dringt, beunruhigt ihn. Breslau zur Festung erklärt. Also keine offene Stadt. Also Kampf bis zum Ende. Also Erstürmung durch die Russen. Also das Schlimmste.

Am dritten Januar enden in Breslau die Weihnachtsferien. Wer noch nicht eingezogen ist, geht zur Schule. Am zwölften setzt der erwartete russische Großangriff ein, auf der gesamten Ostfront. Schon am zwanzigsten, einem Sonnabend, schließen Breslaus Schulen wieder. Lautsprecher plärren den Auflockerungsbefehl. So heißt die Order, aus einer Stadt, einem Landstrich alles fortzuschicken, was bei den erwarteten Kampfhandlungen hinderlich wäre. «Achtung! Achtung! Frauen und Kinder verlassen die Stadt zu Fuß in Richtung Opperau–Kanth.» Kleines Handgepäck ist mitzuführen, mehr nicht. Am Sonntag dann das Plakat an die Dagebliebenen: «Männer von Breslau!» Die Stadt wird zur Festung erklärt, jeder Mann kriegsverpflichtet: «Keiner verläßt seinen Posten!» Jede Tätigkeit, die für die Verteidigung der Stadt nicht unbedingt erforderlich ist, ist sofort einzustellen. Am Montag der dritte Aufruf in drei Tagen, der zum Volkssturm, an alle von sechzehn bis sechzig: «Von heute an ...»

Von heute an ist die Stadt, der es in ihrer siebenhundertjährigen Geschichte immer wieder gelang, ihren früh bekundeten Eigensinn in geltendes Recht zu setzen, im Innern so starke Oppositionen wie Katholizismus und Reformation, Juden und Christen, Bürger und Aristokraten, Preußen und Österreich, Tradition und Moderne halbwegs in der Balance zu halten und nach außen eine stets fragile Autonomie gegen die Ansprüche von Fürsten, König und Kirche zu verteidigen

– von heute an ist diese alte, vitale Stadt, die größte im deutschen Osten, als Geisel in die Hand jenes Mannes gegeben, dessen Name unter all den Aufrufen steht. Und der vom Leiter einer nationalsozialistischen Berliner Straßenzelle zum Parteiorganisator der Hauptstadt, zu Goebbels' Adjutant und geschäftsführendem Staatssekretär und endlich zum Oberpräsidenten von Niederschlesien aufgestiegene Diplom-Gewerbeoberlehrer würde seine Geisel eher umbringen, als seinen Abgott im Bunker unter der Reichskanzlei zu enttäuschen, dem er in diesen Wochen Treueschwüre funkt. Bald wird sich zeigen, wie es um das telegraphisch angekündigte Heldentum, um das «Sieg oder Tod» des verstiegenen Lehrers bestellt ist, der sich auf überall ausgehängten blutroten Plakaten – die Farbe hat er bei der Druckerei ausdrücklich bestellt – jetzt nennt: Karl Hanke, Gauleiter und Reichsverteidigungskommissar.

Die Evakuierung Breslaus, erst gegen besseres Wissen viel zu lange hinausgezögert, dann überstürzt befohlen, ist nichts anderes als Mord am eigenen Volk. Hunderttausende werden, mitunter mit vorgehaltener Waffe, aus ihren Häusern und Wohnungen hinaus in die eisige Nacht gejagt. Panik bricht aus. Im Bahnhof, vor den letzten Zügen, werden Kinder zu Tode gedrückt und zertreten. An Berichten über den Auszug, der für viele zum Todesmarsch wird, herrscht kein Mangel: «Es ist schwerer Winter, die Oder völlig zugefroren. Bei über zwanzig Grad Kälte ziehen Tausende von jungen und alten Frauen mit Kinderwagen, Schlitten und kleinen Ziehwagen auf verschneiten Landstraßen in die Winternacht hinaus. Zurückkehrende geben grausige Berichte über diesen Todesmarsch. Für Hunderte von Kleinkindern war diese Nacht die letzte. In den Straßengräben liegen in den nächsten Tagen massenhaft Säuglingsleichen, erfroren, zurückgelassen von den in panischer Angst Flüchtenden. In Neumarkt wurden allein über vierzig Kleinkinderleichen gezählt, säuberlich auf

Stroh auf dem Marktplatz niedergelegt. Koffer, Bettenbündel, Kleidungsstücke liegen in den Gräben der Chausseen. In immer kürzeren Abständen jagt das Geheul der Sirenen die Menschen in die Keller.» Der katholische Priester Walter Laßmann hat begonnen, Tagebuch zu führen, und nichts wird ihn davon abhalten, es bis zum Ende zu tun und darüber hinaus, die tägliche Todesangst nicht, das Feuer nicht, das vom Himmel fällt, die völlige Erschöpfung nach Tagen voller Notbegräbnisse nicht und auch nicht die Greuel des Friedens.

An jenem Montag, an dem Gauleiter Hanke zum Volkssturm ruft, besucht ihn Albert Speer. Der Reichsminister für Rüstung und Kriegsproduktion macht auf der Rückfahrt vom oberschlesischen Industriegebiet nach Berlin – nicht mehr lange sind solche Fahrten möglich – in der Festung Breslau Station. Hanke führt seinen Gast durch das Oberpräsidium, das von Langhans erbaut und erst kürzlich renoviert worden war. Speer schildert in seinen Erinnerungen die Szene. «Nie werden die Russen das hier bekommen», habe der Gauleiter, der von diesen Dingen gar nichts verstand, pathetisch gerufen, «lieber brenne ich es nieder!» Speer: «Ich erhob Einwände, aber Hanke beharrte. Ihm war ganz Breslau gleichgültig, falls es dem Gegner in die Hand fiel. Doch schließlich gelang es mir, ihn von der kunsthistorischen Bedeutung zumindest dieses Baus zu überzeugen und ihm seinen Vandalismus auszureden.»

Fünf Tage später, es ist wieder Sonnabend, die Festung ist keine Woche alt, laufen die Leute vor Langhans' Oberpräsidium in Scharen zusammen. Heraus kommt ein Wagen, auf dem der Zweite Bürgermeister von Breslau steht, Dr. Spielhagen. Die Hände mit einem Strick gebunden und an den Wagen gefesselt, den Mantel offen, den Hut schief auf dem Kopf, verkehrt herum. Wie eben die kleinen Quälgeister der Revolution, sobald sie sehen, sie dürfen sich ungestraft trauen, mit einer Respektsperson ihren brutalen Schabernack treiben und ihr, die man schon nicht mehr achten noch fürchten muß, den Schandhut aufstülpen, sei es den eigenen oder den hohen, spitzen aus Papier. Ein Bild wie aus der chinesischen Kulturrevolution, ein Aufzug wie aus Robespierres Tagen. Der Schinderkarren fährt die Albrechtstraße hinab bis zum Ring, vors Rathaus. Der Delinquent versucht zu sprechen, ob ruhig zu seinen Häschern oder weithin zum Volk, ist nicht überliefert. Denn er kommt nicht dazu. Er wird von mehreren Schüssen getötet. Einer der beiden Parteileute, die ihn aus dem Oberpräsidium geholt und durch die Stadt gekarrt haben, feuert mit seiner Browning mehrmals auf Spielhagens Kopf.

Tags darauf läßt Hanke verkünden: «Auf meinen Befehl wurde Ministerialrat Dr. Spielhagen von einem Peloton des Volkssturmes vor dem Rathaus der Stadt Breslau erschossen.» Feigheit wirft er ihm vor, der Bürgermeister habe sich nach Berlin absetzen wollen. In der Tat hatte Spielhagen Frau und Töchter dorthin gebracht, war aber selbst in die Festung zurückgekehrt. Die Spannungen zwischen ihm und Hanke sind kein Geheimnis, und der Vergleich, den etliche Tagebücher aus der Festungszeit anstellen, fällt für Spielhagen ehrenvoll aus. Ein verantwortungsbewußter und sparsamer Bürgermeister sei er gewesen, der das Wohl seiner Stadt im Auge gehabt habe, während der Gauleiter deren Gut in allnächtlichen Festen verpraßt habe. In der Erinnerung des Zigarrenfabrikanten Valentin Ludwig hat Hankes Widersacher gegen dessen Plan opponiert, sogenannte übersichtliche Kampfräume schlagen, also Teile Breslaus präventiv selbst in die Luft sprengen zu lassen. Mitunter rutschen Leuten Sätze heraus, die anderen gelten, aber wie unter einem geheimen Zwang das eigene Horoskop stellen. Die Mitteilung des Gauleiters über den Mord an Spielhagen schließt: «Wer den Tod in Ehren fürchtet, stirbt ihn in Schande!»

13

Die Festung Breslau muß man sich vorstellen wie eine lange und schwer belagerte antike Stadt, belagert und verteidigt allerdings mit den Methoden unserer Zeit. Erst ist sie ein Stachel gegen die näherrückende Front, dann eine Beule darin, dann zieht die Front an beiden Seiten vorbei. Die Beule dehnt sich zum Sack, die Russen binden den Sack zu. Mitte Februar, drei Wochen nach der Evakuierung, ist der Ring um Breslau geschlossen. Am Ende, die Rote Armee steht schon in Berlin, wird Breslau Gegenstand russischer Soldatenwitze sein; die vergessene Garnison weit hinten im sowjetisch besetzten Europa, die immer noch erobert wird, während in Moskau die Sieger Salut schießen. Die Festung, das sind rund zweihunderttausend Zivilisten, verteidigt von knapp fünfzigtausend Bewaffneten. Soldaten kann man sie nicht durchweg nennen. Aus zersprengten Divisionen zusammengewürfelte Truppen, Ersatzeinheiten. Alte Männer werden aufgeboten und halbe Kinder, Hitlerjungen mit dreitägiger Ausbildung. Sie stehen gegen zehnmal so viele Belagerer. Gegen den nahezu pausenlosen Granatenbeschuß sind die Verteidiger ebenso machtlos wie gegen die Bomben und Bordgeschütze russischer Flieger, die die unumschränkte Lufthoheit haben. Trotzdem gelingt die Eroberung nur sehr langsam, von Straße zu Straße, Garten zu Garten, von Haus zu Haus, Stockwerk zu Stockwerk.

In seinem Berliner Bunker grübelt Goebbels darüber nach, warum keine westdeutsche Stadt einen auch nur im Ansatz vergleichbaren Widerstand aufbringt und kommt zu dem Ergebnis, daß die Nähe zum verweichlichten Westen wohl ebenso abfärbe wie die Nähe zu den Härten des Ostens. Die Wahrheit liegt scharf daneben. Das «Wunder von Breslau», die brennende, weithin demoralisierte Stadt, die einem an Feuerkraft und Truppen haushoch und in der Luft absolut überlegenen Belagerer hohe Verluste zufügt und über drei Monate standhält, ist eine Art Übersprungreaktion. In der

Falle zwischen dem Terror der eigenen Führung und dem erwarteten Terror einer russischen Besetzung wirft sich Breslau in einen Kampf, den es nicht gewinnen kann. Heute die Gestapo, die Standgerichte, die ständigen Erschießungen, morgen die Männer tot oder in Sibirien, die Frauen in der Gewalt der Sieger. So hielt sich die irrwitzige Hoffnung auf irgendeine Wendung der Politik und des Krieges, welche die Russen an der Besetzung Deutschlands hindern und doch noch zurückdrängen würde. Hätten die Amerikaner vor Breslau gelegen, würde Breslau noch stehen.

Die Zertrümmerung der Stadt ist nur zum Teil das Werk ihrer Belagerer. Kirchen, Villen, Friedhöfe und unersetzliche Bibliotheken werden von den eigenen Leuten geräumt, geplündert, gesprengt, etwa um freies Schußfeld zu haben. Oder die Zerstörung durch den Gegner wird bewußt in Kauf genommen, indem man dort Geschütze aufstellt, wo sie sogleich identifiziert und ihrerseits beschossen werden können. Hankes spektakulärste und mörderischste Aktion dieser Art ist die Anlage eines dreihundert Meter breiten und tausendfünfhundert Meter langen Rollfeldes mitten in der Stadt. Hitler fordert es aus Berlin. Hanke will es, damit dort einmal deutsche Flugzeuge landen können, mit Soldaten und Material. Die Leute nennen seine Piste die «Blutbahn». Jungen ab zehn, Mädchen ab zwölf werden arbeitsverpflichtet, dazu jeder, der abkömmlich ist, auch internierte Ausländer und Kriegsgefangene, aber hauptsächlich Deutsche. Russische Tiefflieger jagen sie wie die Hasen.

Priester Laßmann berichtet: «Es wurden ganze Wohnviertel gesprengt, die Häuser von der Kaiserbrücke bis zur Fürstenbrücke am Scheitniger Park verschwanden. Es verschwanden spurlos die mächtige Lutherkirche, die Canisiuskirche, die Wohnviertel von der Dickhutstraße bis zur Tiergartenstraße, von der Memellandstraße bis an die Landwirtschaftliche Hochschule. In dem bald einsetzenden Bomben- und Granatenhagel der Russen gingen Scharen dieser Hilfskräfte zugrunde. Am 15. März meldete die Frontzeitung den ersten wegen Arbeitsverweigerung standrechtlich Erschossenen. Geheimer arbeitet der nationalsozialistische Terror. Immer hastiger schlägt, den Widerstand weiter Kreise zu brechen, die Hinrichtungsmaschinerie im Gefängnis Kletschkau zu. Der Umfang dieser Schreckensherrschaft wird allmählich durch die große Zahl der Leichen ruchbar, die zu ihrer Vernichtung in die Universitätsanatomie eingeliefert werden. Das Fassungsvermögen der Verbrennungsöfen bald bei weitem überschreitend, müssen sie schließlich der normalen Bestattung zugeführt werden.»

Zwei Monate geht das so, dann kommt Ostern, und es zeigt sich, daß ein einziger moderner Tag die Kapazität hat, siebenhundert Jahre vor ihm zu schmelzen. Am Karsamstag spürt Pfarrer Laßmann, der kurz zuvor als letzter auf den Turm des Domes gestiegen war, eine ungeheure Spannung in der belagerten Stadt, eine unheimliche Stille. Schlag sechs Uhr abends setzt das ein, was er das Inferno nennt. In Friedenszeiten hatte die Orgel der Jahrhunderthalle, sie war die zweitgrößte Europas, das Osterfest eingespielt. «In wenigen Stunden sollte diese Orgel einen letzten, schrecklichen Ton von sich geben, als sie von einer russischen Granate zerschmettert wurde. Gleichzeitig fielen die Glocken in den Kirchen der Stadt infolge der Gluthitze ihrer brennenden Türme krachend aus ihrem Gestühl.»

Am Ostersonntag versucht zuerst eine Granate, dann eine Bombe, dann noch eine Granate, Laßmann zu töten. Er hat dreimal Glück. Die Belagerer haben die Stadt ausgelöscht, aber immer noch nicht erobert. Gegen Abend stellen sie an einigen Linien das Feuer ein und bringen ihre Lautsprecher zum Einsatz: «Kommt rüber! Es gibt Gulasch und Nudeln. Tausend schöne Mädchenbeine warten.»

Ostermontag flieht Walter Laßmann für ein paar Minuten an den Strand der Oder, um einmal durchzuatmen. Als er sich umblickt, bietet sich ihm ein Bild «von märchenhafter Unwirklichkeit». Er kann sich nicht losreißen. Er kann kaum glauben, daß es kein Traum ist, was er sieht. «Hinter mir die beiden Riesenfackeln der brennenden Domtürme, daneben das Palais des Erzbischofs ein Feuermeer, rechts die brennende Sandkirche, vor mir, auf der anderen Oderseite, die brennende Stadt. Fünfstöckige Häuser standen in hellen Flammen, alle Fenster waren erleuchtet wie bei einem glänzenden Fest, ab und zu stürzte ein ausgebranntes Haus in sich zusammen, einen grandiosen Funkenregen wie ein brillantes Feuerwerk hoch zum Himmel schleudernd. Ich weiß nicht, ob der alte Aeneas, von dem uns Vergil erzählt, einen ähnlich großartigen und grausigen Anblick hatte, als er bei seiner Flucht auf das brennende Troja zurückschaute.»

Unter den Linden, in der Berliner Staatsbibliothek, stehen acht dicke schwarze Folianten, die kein Mensch liest. Einer, der nicht rechtzeitig aus Breslau herauskam, der die Festung und ihren Untergang als Junge erlebte, muß nun als Mann alles sammeln und binden, alles, dessen er habhaft werden kann, über zwölftausend Blatt. Und der Stoff will kein Ende nehmen, die Supplementbände sind die dicksten. Die Dinge wollen erzählt sein, sie drängen an. In Gestalt von Erinnerungsfetzen, Zeitungsausrissen, Notizen in Schulheften, engbeschriebenen Briefen, heimlich geführten Tagebüchern lungern sie an der Pforte des Bewußtseins, wie Spätheimkehrer, auf die niemand wartet. Auf unzählige Zettel wurde das Epos hingekritzelt, von einem Autor mit tausend Augen in irgendeinem Keller in die Maschine mit dem hinkenden H gehackt, später in Schönschrift abgeschrieben, sauber abgetippt in Zeiten besserer Lichtverhältnisse und komfortablerer Schreibmaschinen. Finis Silesiae für kleines Fachpublikum, bestehend aus jenen, die dabei waren. So ungeheuer die Details dieses Untergangs sind, so monströs ist das Desinteresse daran. Kein Vergil, kein Aeneas. Der eine lebt nur durch den anderen. Das jüngste Gedächtnis ist ein schwarzes Loch voll ungelesener Briefe und modernder Tagebücher.

In der Festung gibt es alles, was es sonst auch gibt, nur schärfer, endgültiger. Es gibt Fünfzehnjährige, die mit einer Kaltblütigkeit feindliche Panzer mattsetzen, einen nach dem andern, die kaum ein Soldat aufbringt. Es gibt den Moment der Verwirrung auf dem Freiburger Bahnhof, den der minderjährige Sohn eines angesehenen jüdischen Richters nutzt, um aus dem Viehwaggon zu springen, der seine Eltern in den Tod fährt, und es gibt das Versteck, in dem André überlebt. Katholische Priester bringen ihn durch. Es gibt die unbekannte Intervention, die den Plan der Gestapo vereitelt, die in der Festung verbliebenen Juden aus privilegierten Mischehen auf einen Oderkahn zu setzen, ihn anzubohren, abfahren und absaufen zu lassen. Es gibt den SS-Offizier, der den Chronisten Laßmann vor dem KZ bewahrt. Die Gestapo hat ihn gegriffen, weil er mehreren Polen half. Und es gibt die zwei Überläufer, die sich in die Festung schleichen und einem deutschen Offizier geheime Pläne von Stellungen stehlen, um sie den Russen zu übergeben. Unter pulverisierten Häusern gibt es intakte alte Weinkeller, in denen sich, sooft es geht, alte Freunde treffen, um die besten Flaschen zu leeren. Wozu sie noch aufheben? Es gibt Treue und Verrat, Feiglinge und Helden, Liebe und Irrsinn. Es gibt Verzweiflung, improvisierte Gräber und viele Selbstmorde. Am 30. März gibt es zwei Attentate auf Ortsgruppen der Partei, in Gneisenau und Elbing, und am Nachmittag des 5. Mai demonstriert eine Menschenmenge, Frauen meist und ein paar alte Männer, vor der NS-Ortsgruppe Zimpel für ein Ende der Kämpfe.

Auch der Pfarrer der katholischen St.-Mauritius-Kirche,

Paul Peikert, führt Tagebuch. «Das Leben der Stadt macht einen fieberhaften Eindruck. Alles ist aufs höchste erregt und bedrückt. Ganz offen sprechen die Menschen ihren Unmut aus über das Regime, das unser Volk in ein solch namenloses Unglück hineinstürzt. Die Soldaten haben wegen der Aussichtslosigkeit des Kampfes jedes Interesse am Krieg verloren und wollen sich nicht mißbrauchen lassen, ihre schöne Heimatstadt, die Stätte ihres Heims und ihrer Arbeit, zu zerstören.» Peikert beobachtet, wie sich unter den in Breslau Verbliebenen zwei Haltungen herausschälen, zwei Sorten Menschen: Gläubige und Nihilisten. Die einen gehen, sooft sie können, in die Tag und Nacht offenen Kirchen, um unter Geschützdonner improvisierte Messen zu hören oder still zu beten. Die anderen betäuben ihre Angst mit Alkohol und Gelegenheitssex. Sie feiern Abschied. Von der Stadt, vom Leben, von allem, was man ihnen beigebracht hat. Sie streifen ihre ohnehin löchrig gewordene Moral ab und plündern die Häuser der Evakuierten. Walter Laßmann sieht «junge Frauen, die gestern noch im billigen Mantel umherliefen und heute einen Nerzpelz tragen. Ein Teil der Bevölkerung zieht ständig in der Festung hin und her, angeführt von besonders ‹Schlauen›, die vorausahnen, welcher Stadtteil in Kürze bombardiert werden soll. So schlafen sie heute in den Betten offenstehender Patrizierhäuser, morgen auf dem dürftigen Lager armseliger Mietskasernen im äußersten Osten.» Oft wundert sich Laßmann, daß bei alledem noch der Geist intakt bleibt und er die Kraft findet, tagein, tagaus Verwundete, Verzweifelte, Sterbende aufzurichten und zu trösten. «Das Leben des Alltags geriet immer mehr unter das Gesetz der Festung.» Wenn zwei Bekannte sich verabschieden, sagen sie einander: «Bleib übrig!»

Im Feuer verglüht auch die Ideologie, die es entzündet hat. Das Reden von Volk und Vaterland schmilzt herunter auf seinen kalten Kern. Aus der Festung heraus spricht Hanke am Abend des 4. März im Reichsrundfunk. Was das «Wunder von

Breslau» genannt wird – der Umstand, daß sich die Stadt gegen eine so vielfache Übermacht hält –, begründet er mit der «Tatsache, daß wir allen Ballast abgeworfen haben, den wir bisher durch unser Leben schleppten, den wir bisher fälschlich Kultur nannten und der doch letzten Endes billige Zivilisation war. Oft glaubten wir, daß wir mit der Vernichtung dieser äußeren Kulisse unseres bürgerlichen Lebens auch selbst vernichtet würden. Das ist nicht wahr. Zehntausende Männer und Frauen in der Festung Breslau haben es erlebt und erfahren, daß ihnen alles, was sie früher als unmittelbaren Bestand ihres persönlichen Seins betrachteten, ihre Wohnungen, ihre Erinnerungen, ihre Sammlungen, tausend Kleinigkeiten, an denen ihr Herz hing, daß sie von alldem bewußt Abschied nahmen und sich trennten, ohne daran zu zerbrechen.» Und er setzt hinzu: «Wir wissen, was es heißt, den Krieg wirklich total zu führen.»

Allen Ballast abwerfen – das läßt aufhorchen, das prägt sich ein. Hitler und Goebbels blicken voll Bewunderung und, wie es scheint, auch ein wenig erstaunt auf ihren Mann in Breslau, der erst jetzt, in die äußerste Enge getrieben, zu seiner Höchstform findet. In der Festung geht Hankes Satz um wie ein böser Geist, er taucht in Tagebüchern auf, in den Gesprächen der Verzweifelten, er wird zur Chiffre für das, was ihnen geschieht. Das also ist es, was sie mit uns vorhaben. Allen Ballast abwerfen, das heißt: leer werden. Alle Bindungen kappen. Die Wohnungen verbrennen, die Erinnerungen verbrennen, alle Brücken zerstören. Fegefeuer macht frei. Frei für ein neues Leben, verstanden als Endkampf, als totaler Krieg. Was Hanke jetzt, wo alle Rücksichten sinnlos werden, verkündet, ist nichts anderes als die permanente Revolution. An diesem Sonntagabend im März 1945 spricht aus dem Großdeutschen Rundfunk der revolutionäre Geist des zwanzigsten Jahrhunderts. Es spricht der Bruder, der Todfeind, der Genosse von Lenin, Stalin, Mao Tse-tung und Pol Pot. Auch Hanke möchte ganz von vorn beginnen mit dem Design des Menschen. Sintflut sein, Feuersturm, Schöpfer, Künstler der eisernen Faust. Im Roten Buch, das im Jahr zwanzig nach Hanke die Roten Garden schwenken werden, findet sich erneut der Hankesche Satz. Mao indes sagt es sehr poetisch. Das chinesische Volk sei weiß wie ein unbeschriebenes Blatt, und das sei gut so. «Ein weißes Blatt Papier ist durch nichts beschwert, auf ihm lassen sich die neuesten und schönsten Schriftzeichen schreiben, die neuesten und schönsten Bilder malen.» Nach dem Leerwerden, das verspricht Mao, der Bauernsohn, das verkündet der Intellektuelle Pol Pot, das versichert der Lehrer Hanke, werde alles viel schöner, besser und größer.

Wer die täglichen Appelle zur Rettung Europas vor dem asiatisch-mongolischen Sturm in den Parteizeitungen las und die unverhüllte, an die Adresse der Amerikaner gerichtete Aufforderung, sich in letzter Minute mit Berlin gegen den asiatischen Bolschewismus zu kehren, mochte einen politischen, einen abendländischen Rest im Führerbunker vermuten. Doch die, die dort saßen, wollten weder Politik machen noch Europa erhalten, jene laue Welt von gestern, die sie verachteten. Sie wollten die Revolution aller Politik, und das Abendland wollten sie im Fegefeuer brennen und härten. Unter der nur noch nachlässig getragenen abendländischen Maske lugte unverhohlene Bewunderung für den verteufelten, beneideten asiatischen Feind hervor. Goebbels vertraute sie sogar seinem Tagebuch an.

Generaloberst Ferdinand Schörner, dem Hitler wegen erwiesener Hemmungslosigkeit in der Kriegführung am Ende den Oberbefehl über die Heeresgruppe Mitte übertrug, also auch über die Festung Breslau, verlangte sie öffentlich von seinen Soldaten. «Ich fordere klar und eindeutig Fanatismus, nichts anderes!» In seinem Fanatismus-Tagesbefehl vom 27. Februar ging Schörner gegen «vornehmes Gehabe und defätistische Müdigkeit» in den Stäben an, gegen «geistreich getarnten Defätismus». Gegen die alten Offiziersfamilien und ihre aristokratischen Vorurteile und Skrupel, gegen den ganzen verhaßten vorrevolutionären Geist, der noch immer umging. Gegen die Vorstellung überhaupt, es könne eine Instanz geben, die über der Totalität des Krieges stünde, über der Absolutheit der Revolution. Schörner wollte «den politischen Soldaten» und «den revolutionären Offizier». Und er ließ niemanden im Zweifel, woran er dabei dachte: «Stalin wäre mit seinen Bolschewisten nie so weit vorgefahren, wenn er geduldet hätte, mit bürgerlichen Methoden Krieg zu führen.» Vielleicht dachte Schörner an die kaltblütig blutige Hand, mit der der Moskauer Generalissimus vor dem Kriege sein Offizierskorps gejätet hatte. Sein Gegenspieler in Berlin hatte dergleichen nicht getan, und man hatte gesehen, wohin das führte, am 20. Juli zuletzt, letzten Sommer in Rastenburg. Selbst wenn diese Leute passiv blieben und ihr melancholisches Wissen um das Ende Deutschlands in Stoizismus und Ironie kleideten – mit solchen machte man keine Revolution. Schörner haßte sie.

Leer werden, den Ballast der Welt abwerfen, durchs Fegefeuer gehen, das ist keine politische, das ist eine ästhetische Idee, eine mystische im Grunde. Dort gehört sie auch hin, in Eckharts Meditationen, in die stillen Steingärten der Zen-Klöster, in die Gesänge der Gregorianik. Sie hat sich fürchterlich verirrt in diesem Jahrhundert; sie ist erst unter die Künstler gefallen und gleich darauf unter die Revolutionäre. Hanke will seinen eigenen Ballast, seine starken Leidenschaften, seinen Haß keineswegs abwerfen, er will sie austoben. Er ist kein Zen-Mönch und kein Malewitsch. Wer ist er denn? Woher der Haß? In seine Reden drängt, je näher das Ende rückt, ein ausgesprochen persönlicher Ton. In einem langen Artikel, der in der Festungszeitung erscheint, gibt er eine Etymologie des Namens Hitler und gerät darüber ins Meditieren. Dessen Großvater habe sich noch Hüttler geschrieben, und ein Hüttler, das sei in den Alpen, was in den schlesischen Bergen ein Häusler sei, einer, der ein armseliges Häuschen habe und sonst nichts. Ein kleiner, hart arbeitender Mann. Ebendies sei auch sein eigener, Hankes, Großvater gewesen: Häusler und Weber. «Wenn wir uns ‹Heil Hitler› grüßen, dann grüßen wir uns selbst, wir, die wir aus den kleinen Hütten und aus den Häuseln unserer Gebirgs- und Weberdörfer stammen.»

Dann findet Hanke zurück in die Gegenwart der Festung Breslau. Er weist als Motiv seines Ausharrens jede Sentimentalität, jede traditionelle Heimatliebe zurück und bekennt sich zu der frag- und ausweglosen Härte der Weber, die einfach tun, was getan werden muß. Dazu brauchen sie keinen weiteren Sinn, keine Kultur, keinen Gott, keine Welt, den ganzen Ballast der Bürgerlichkeit nicht. Die Erbsünde des neueren schlesischen Reichtums ist das Elend der schlesischen Weber. Gerhart Hauptmann verfolgt den Untergang – er vollzieht sich im Jahre hunderteins nach der Hungerrevolte der Weber von Peterswaldau – ganz aus der Nähe, von seinem Haus in Agnetendorf aus. Auch der andere Weber-Dichter, Heinrich Heine, ist jetzt den Ereignissen ganz nahe: «Deutschland, wir weben dein Leichentuch. Wir weben hinein den dreifachen Fluch.» Und er präzisiert seine schwarze Prophetie im letzten Refrain: «Alt-Deutschland, wir weben dein Leichentuch.» Wenn der Gauleiter, dem die Wochenzeitung ‹Das Reich› eine gedrungene Gestalt und einen Vierkantschädel bescheinigte, in den Spiegel seines komfortablen, tief unter der Erde gelegenen Badezimmers sah, muß er am Ende darin den Fluch der schlesischen Weber gesehen haben. Man ist versucht zu sagen: Er war es auch.

Ein Bild, gewiß, ein Selbstentwurf. Hanke in seinem Bunker ist kein Weber, er ist der absolute Herr über Breslau, der Goldfasan. Und bei all seinen dunklen Meditationen bleibt der Gauleiter doch ein Mensch der Nacht, ein eifriger Partygänger. Er gibt die Feste selbst, seinen Bunker hat er sich luxuriös ausbauen und einrichten lassen. Teppiche, Bilder, Bäder, eine gute Kantine, dazu Champagner und schöne junge Frauen. Finis Silesiae scheint, wenn die Berichte nicht trügen, für ihn eine einzige lange Bunkerparty gewesen zu sein, tagsüber unterbrochen, um zu schreiben, zu reden, sich an den Fronten zu zeigen und Leute erschießen zu lassen. Aber etwas ist doch dran an dem Bild. Hanke an der Macht benimmt sich genauso, wie ein armer Hund sich benehmen würde, der zäh oder brutal genug ist, nach oben zu kommen; er nimmt sich genau das heraus, was sich auch ein aufständischer Weber in seiner Wut herausnehmen würde, dränge er ins Schloß seines Patrons. Das Photo zeigt Hanke in Parteiuniform, mit den roten und goldenen Tressen des Gauleiters. Denkt man sie sich weg, bleibt ein großer Mann von kräftiger Statur, mit herausfordernden Zügen, in denen ein provozierendes Grinsen versteckt ist. Um den schmalen Mund ist eine verhaltene Wildheit, eine Gier. Es ist das Gesicht eines Desperados, der alles auf eine Karte gesetzt hat. Karl Hanke ist eine Kreatur der Partei. Fast alles, was er ist, ist er durch sie, und was er ohne sie war, hat er abgetan. Man kann ihn sich gut als Conquistador vorstellen, als Aguirre, den Zorn Gottes aus dem ärmsten, härtesten Spanien. Als amerikanischen Gangster, der von der Straße kam. Von der Straße kam Hanke auch: aus einer Berliner Straßenzelle.

Dann kommt der 5. Mai. Eine Delegation der beiden Kirchen ist bei General Niehoff gewesen, dem Festungskommandanten, und hat im Namen der Bevölkerung das Ende der selbstmörderischen Verteidigung gefordert, die Übergabe der Stadt an die Russen. Niehoff hat seine Offiziere abstimmen lassen und ihre Zustimmung erhalten. Ein Tag der Gerüchte, der durchs Minenfeld zwischen den Fronten staksenden Parlamentäre. Große Nervosität in der Stadt. Feuerpause. Die plötzliche Stille ist unheimlich. Nicht nur die Waffen, selbst die russischen Propagandalautsprecher schweigen. Es ist der

Tag der klappernden Schreibmaschinen in den Gefechtsständen. Die Bedingungen der Kapitulation werden Punkt für Punkt aufgelistet. Die Nacht bleibt still.

Am nächsten Morgen, früh um sechs, wenige Stunden vor der Übergabe der Stadt, rollt ein Flugzeug über die Landebahn, die der Gauleiter ins Stadtbild hat schlagen lassen, das einzige, das hier je rollte, und darin sitzt kein anderer als Karl Hanke. Der Lehrer aus Lauban ist wieder zu sich gekommen. Vor die Wahl gestellt, die Rolle des Nibelungen zu Ende zu spielen oder aus Etzels brennender Burg auszubüxen, stiehlt er dem kommandierenden General das einzige startklare Flugzeug, einen seit Wochen in einem Nebenbau der Jahrhunderthalle aufgetankt wartenden Fieseler Storch, schaut sich die Stadt, die er ruiniert hat, als letzter von oben, im Frühlicht, an. Dann fliegt er davon.

Was aus den Akteuren wurde? Über Hankes Ende gibt es verschiedene Versionen. Die wahrscheinlichste ist, daß er in Böhmen in Gefangenschaft geriet und noch im Mai bei einem Fluchtversuch angeschossen und totgeschlagen wurde. General Niehoff ging mit seinen Soldaten für zehn Jahre nach Sibirien. Walter Laßmann erlebte das Chaos und die Schrecken der Besetzung Breslaus und flüchtete nach Westdeutschland. Er starb 1986 in Paderborn. André, der jüdische Junge, ging nach Frankreich und später als katholischer Missionar nach Neuguinea. Der junge Mann, der den Untergang seiner Stadt verpaßt hatte, wurde im Sommer 45 im Gefangenenlager von einem Offizier der kanadischen Wachmannschaft angesprochen: «Hör mal, Junge, ihr habt sechs Millionen Juden getötet, nicht wahr? Wir lassen jetzt so viele von euch verhungern, bis ihr pari seid.» Er glaubte es, er hungerte ja selber und sah andere sterben, aber der Kanadier hatte stark übertrieben. Schon im August ließ man ihn laufen. Sein Weltkrieg hatte ein halbes Jahr gedauert, und die Welt war eine andere. Nur der Sommer tat so, als sei er der alte, der unverschämt schöne, anarchische Sommer 45.

In dem Hotel im Harz traf der junge Mann seine Mutter und deren Schwestern, seine beiden Tanten, wohlbehalten an. Nur einer würde nicht kommen. Richard, sein Vater, war gleich am Beginn des Rußlandfeldzuges gefallen, und Richards Frau, seine Mutter, war zu jung, und die Zeiten waren zu lausig, um lange Witwe zu bleiben. Die Schwestern rieten ihr zu, da gab sie dem Werben des spaßigen englischen Offiziers nach und ging mit ihrem neuen, immer zu einer Clownerie aufgelegten Mann auf die siegreiche Insel. Ihr Sohn zog weiter.

Südlich, irgendwo in den amerikanisch besetzten Wäldern, vermutete man Onkel Thies, von dem das Gerücht ging, er betreibe dort ein Kino. Das war nicht ganz falsch. Ein Magengeschwür, das ihn vor der Front bewahrt hatte, hatte ihn tief in die Etappe verschlagen und ihm ein Auto voller UFA-Filme verschafft. So fuhr er von Lazarett zu Lazarett, um den verwundeten Frontsoldaten eine Freude zu machen. Tatsächlich hatte er die Filme gerettet und nach dem 8. Mai einfach weitergemacht. Als der junge Mann seinen Onkel schließlich fand, fand er ihn in Begleitung einer schönen Frau und im Besitz des roten Adler Triumph Cabriolet. Und was eine wirkliche Sensation war: Es hatte nicht nur rote Ledersitze, es hatte auch ein Radio. Es war das röteste Rot, das seine ausgehungerten Augen jemals gesehen hatten. Das Cabriolet war der Lohn des Magengeschwürs. Die neue Zeit brauchte unbelastete Männer. Onkel Thies war in ihre Dienste getreten, und sie hatte ihm mangels anderer Fahrzeuge den roten Triumph als Dienstwagen überlassen.

Leichtsinnige Tage, geschenkte Zeit. Im Cabrio sitzen, Ami-Musik hören, sich eine warme Mahlzeit vorstellen, ein eigenes Zimmer. Der Versuch, sich den weiteren Lauf dieses in einen jähen Frieden geworfenen Lebens zu denken, führte zu nichts. Bis vor einem halben Jahr hatte seine Familie ein ganzes Haus gebraucht. Jetzt paßte sie in eine Pralinenschachtel. Eine Handvoll Schwarzweißbilder mit Zackenrand: Mutter und ihre Schwestern beim Ausflug ins Riesengebirge. Die schöne Tante Else, immer strahlend, immer elegant. Onkel Rudi, sehr gerade, korrekt. Man sah ihm das nach, er hatte der Tante Ju das Triebwerk gebaut. Vater dagegen hemdsärmelig vorm steiermärkischen Ferienhaus, ausgelassen im Breslauer Wohnzimmer. Wenn er wollte, roch der junge Mann das Zimmer noch, hörte den Sonntagmorgen, der beim Aufwachen anders klang als die übrigen Tage, und hatte noch die vertrauten Klinken in der Hand, die schlanke zu seinem Zimmer, die schwere, von vielen Händen polierte zum Haus.

Der junge Mann packte die Bilder wieder in die Schachtel. Er hat sie nicht oft herausgeholt in seinem Leben. Wozu auch. Es sind nur alte Photos, und Breslau ist eine Unmöglichkeit. Fünfzig Jahre lang hat er sich geweigert, noch einmal hinzufahren, und dabei wird es wohl bleiben. Er ist ein Westdeutscher geworden, den nicht einmal mehr ein Akzent verrät. Seit dem Wintermorgen, an dem er die Haustür hinter sich zuzog, um in den Krieg zu ziehen, hat mein Vater Breslau nie wieder betreten. Er hat Ballast abgeworfen.

Das Haus am Kurfürstendamm

Wir wären lieber nach Rom gefahren. Als es aber an mir war, siebzehn zu sein, führte eine Klassenfahrt unvermeidlich acht Tage lang nach Berlin. Es regnete viel, und es gab viele Ruinen. Das graue Haus: Askanischer Platz Nummer drei am verschwundenen Anhalter Bahnhof. Der tägliche Weg: hinaus in den Regen, vorbei am Laden im Souterrain, in dem es Kaugummi gab und Comic-Hefte, an der langen Reihe der Pro-

visorien, die man eilig auf die Kanten von Ruinengrundstük-
ken gesetzt hatte, hinein in den feuchten Dämmer der Unter-
grundbahn. Schnapsbudiken, Bierhimmel, Wechselstuben:
Mit ihren hohen, grell bemalten Werbetafeln auf dem Dach
erinnerten sie an die Kulissen, in denen amerikanische We-
stern spielen. Die S-Bahn: ein Gespensterzug. Sie kam aus
dem Ostreich, dem sie angehörte, um ihre alte Tour durch
den Westen zu fahren – leer. Ein ehrloses Subjekt, wer nach
Blockade und Mauerbau als Westberliner seinen Fuß in die
Ostbahn setzte. Das taten nur Kommunisten.

Wie leer Berlin war im Herbst 68. Brücke ausgetauschter
Agenten, Balkon sphinxhafter Rentner, Photoalbum übersee-
ischer Staatsgäste und westdeutscher Schulklassen auf der Aus-
sichtsplattform. Keine Stadt eigentlich, eher ein Ort, der be-
sichtigt wird, kurios genug, um Eintritt zu nehmen. Verfroren
stand Berlin an seinen zugigen Ecken, sah die Besucher kommen und gehen und trug die viel zu großen Sachen der größeren Stadt auf, die es einmal gewesen war: sein eigener her-
ausgewachsener Bruder. Viel zu weit die breiten Boulevards
und Alleen, die Gegenwart viel zu schmächtig dafür. Ein Gör
in Schwarzweiß. Jemand hatte vergessen, ihm den Ruß und
den Rotz abzuwischen. Auf die Stadt war geschossen worden,
lange und ausdauernd. Ich gab es bald auf, Einschüsse zu zählen, und ging meiner Wege. Sie waren mit schwerem Granit
gepflastert, der schief in der Erde saß wie Platten eingesunke-
ner Gräber, die keiner mehr pflegt. Ein Ort, weit abgeschla-
gen im Osten, liegengeblieben im Grenzstreifen zwischen der
ersten Jahrhunderthälfte, der erregend dunklen, die irgendwo
jenseits der Mauer lag, und der hellen, gegenwärtigen, aus der
ich kam.

Westdeutsche. So sagten die Westberliner zu uns. Es klang,
als seien wir nicht auf der Höhe. Es klang, als ginge es uns zu
gut. Es war der Hochmut der gefallenen Metropole gegenüber der neureichen Provinz, der Hochmut des Verlierers für

den, der zwar das Glück hatte, ein paar hundert Kilometer weiter westlich geboren zu sein, der aber in den Dingen, die hier zählen, der Dümmere ist. Ich ging durch Berlin, und die Bilder kamen. Frühe Besuche in der Stadt, einer anderen. Die Erwachsenen zum Kaffee bei Tante Alice, wir Kinder draußen in den Trümmern einer weltbekannten Fabrik. Der freistehende Schlot. Die Eidechse auf den Schienen der Werksbahn. Die Trichter daheim in den Wäldern, auffallend regelmäßige. Der Junge, der im Wald auf den Zünder trat. TNT. Tot. Die Ermahnungen, nicht in den Wald zu gehen, wo die Bomben schliefen. Man erklärte es uns: Wenn die Bomber vom Angriff auf die nahe Stadt heimflogen, klinkten sie ihre überschüssige Sprenglast überm verdunkelten Land aus, und bis zu sechzig, siebzig Prozent davon ging nicht hoch.

Das Radio kam ins Haus und saß fortan auf seinem Ehrenplatz in der großen Wohnküche, einem Tischchen, auf dem Blumen gestanden hatten oder Winteräpfel. Es war ein einäugiges Ding aus dunkel lackiertem Holz, Messing und Chrom und zeigte eine stattliche Reihe elfenbeinfarbener Zähne, die dem noch biegsamen Zeigefinger erheblichen Widerstand leisteten, bevor sie mit einem Knall nachgaben, einer kleinen Explosion. Bevor der Ton kam, schnurrte es wie eine Katze und sah einen auch so an; ich saß davor und beobachtete die grüne Pupille, wie sie schlitzeng wurde oder sich weitete, je nachdem, ob der Sucher einen Sender fand oder sich durch das pfeifende, rauschende Chaos zwischen Beromünster und Königgrätz quälte. Wenn ich dem Gehäuse die Hand auflegte, vibrierte der warme Stoff von den Stimmen, die darin hausten.

Nachmittags war ich mit ihnen allein, und immer gegen vier Uhr lasen sie mir die Namen der im letzten Kriege Verschollenen und Vermißten vor. Eine kleine Drehung des Knaufs, ein fester Druck, und der Spuk wäre vorbei gewesen, aber ich tat es nicht und ließ sie gewähren und die verlorenen Soldaten in langen, jahrelangen Kolonnen durch meine Schularbeiten marschieren. Vielleicht hoffte ich, eines Tages wäre Onkel Georg darunter. Seine Briefe wurden in einem Schrank verwahrt. Als er auf einem Stein oder auf seinem Knie seine kürzeste, dringlichste und, er ahnte es, seine letzte Feldpost «an meine Lieben alle» kritzelte, war er ein Leutnant auf einem langen Rückzug. Er führte durch halb Europa in eine Schlucht unweit Zagrebs. Dort rieb man, wie es hieß, ihn und was von seinem Zug übrig war, auf. Und zwar rieb man sie so auf, daß Georgs Grab, wenn es denn eines gibt, so unbekannt blieb wie Richards russisches.

Als wir Baumhütten bauten, in denen wir Überfälle auf Kurgäste planten und Moos in die Ritzen der Palisade stopften, wie es in den Romanen stand, lebte außerhalb unseres glücklichen Waldes ein Mann zurückgezogen in seinem Haus. Selten ließ er sich sehen, niemals sah ich ihn lächeln. Es hieß, er sei abgeholt worden damals und erst nach dem Kriege wiedergekommen. Seitdem sage er nichts mehr. Ein anderer Mann sagte auch nichts. Jeden Abend stand er eine Zigarette lang vor seinem Haus und sah dabei aus, als ob er im Regen stünde, so lief es ihm übers Gesicht. Wenn wir ihn ärgerten, hörte er auf zu weinen, wurde sehr wütend und drohte uns. Wir rannten weg, und seine Flüche kollerten hinter uns her. Von den Erwachsenen schnappten wir auf, etwas habe mit ihm nicht gestimmt, darum hätten sie ihn sterilisiert damals. Kastriert, sagten sie. Und Tante Alice in der Stadt erzählte, mancher, dem der Postbote immer sein rotes Parteiblatt zugestellt habe, fehle eines Morgens und bleibe verschwunden. Dann hieß es im Haus: Wieder einer in die Zone gegangen bei Nacht und Nebel.

Im Radio lief ein Schlager, wie man damals sagte. «Heißer Sand und ein verlorenes Land und ein Leben in Gefahr.» Ich hielt es für eine offensichtliche Heimlichkeit der Erwachsenen, einen Kassiber, den sie sich zuschoben. Welches Land?

Welche Hitze? Welche Gefahr? Hier war keine Hitze und keine Gefahr. Hier war alles ruhig und aufgeräumt. Hier war ich glücklich, hier gehörte ich hin. Ich mochte diese aufgeräumte, zuversichtliche Welt, die es gut mit mir meinte, aber ich glaubte an die Existenz einer zweiten. Alle meine Geister hausten darin: die nichts Sagenden, nach Dienstschluß Weinenden, letzte Feldpost Schreibenden, auch Tante Alices verschwundene Nachbarn und die verlorenen Soldaten meiner Radionachmittage. Im Atlas war sie nicht ohne weiteres zu lokalisieren. Zwar lag sie rechts, wo der Osten ist, aber sie lag auch hinter mir, wo die Erwachsenen waren, bevor ich hier war. Sie war Hinterwelt und Vorzeit zugleich. Jedenfalls war ich ihr noch nie so nahe gekommen wie bei den Gängen, zu denen ich aus dem grauen Haus Nummer drei am verschwundenen Anhalter Bahnhof aufbrach.

Als ich ins Gymnasium kam, trat vor uns eine Gestalt im buntbeschmierten Malerkittel. Unser Kunstlehrer, ein vertriebener Schlesier, war ein leicht erregbarer, cholerischer Mensch. Aber jedesmal, wenn er uns anschrie, mit der Holzlatte nach uns schlug, in der Dunkelheit eines Diavortrags einen Dösenden beschlich, ertappte und in die Wange kniff, was sehr schmerzhaft war, tat er es um der Kunst willen. Er wütete, nicht weil er ein Sadist, sondern weil er außerstande war, uns als Schulkinder zu sehen und sich als Lehrer. Er war ein Mann der Kunst, und der Anblick eines jeden, und sei er zehn Jahre alt, der nicht Feuer und Flamme für alte Kirchengrundrisse war und für die Faltenwürfe blauer Madonnen, beutelte ihn. In der ersten Stunde erschien er, eine Vase in jeder Hand, hielt sie hoch und schrie: «Was ist Kitsch?» Die erste zaghafte Antwort muß ihn furchtbar geärgert haben. Er schmiß die unwerte Vase, auf die der Finger gezeigt hatte, in Stücke und ging ab, zornbebend. In den Stunden danach – es waren Hunderte, wir hatten ihn lange – lehrte er uns, eine

Basilika zu verstehen, Pilaster von Lisenen zu unterscheiden und den Klang des Wortes Ravenna. Eines Tages malte dieser wütende silesische Engel die Bäume im Stadtwald an, rot und blau. In dem Wald pflegte die Mutter einer Mitschülerin auszureiten, und als die Stute die roten und blauen Bäume sah, scheute sie und warf die Frau ab. Pferde sind schreckhafte Wesen und nehmen Provokationen eingefahrener Wahrnehmungsweisen durch den modernen Künstler sehr ernst.

Mit sechzehn stand ich vor dem Ofen von Dachau. Was in mir vorging, mündete in ein einfaches Bild: Ich möchte, daß sich jetzt alle meine Landsleute hier anstellen, sich auf diesen Rost legen und hineinschieben lassen. Dann geht die Ofenklappe zu. Nach einer Weile geht sie wieder auf, der Hineingeschobene erhebt sich, und der nächste ist dran. Mich selbst sah ich – dieser Teil meines Bildes blieb blaß, unausgeführt – in der Rolle des Platzanweisers, der mit stummer Gebärde einen nach dem andern aus der langen Schlange der Deutschen sich hinlegen heißt und die Klappe hinter ihm schließt. In dieser Rolle hatte ich Ähnlichkeit mit dem kanadischen Offizier, der meinen in Kriegsgefangenschaft geratenen Vater 1945 mit der Ankündigung erschreckt hatte, die Zahl der getöteten Juden mit deutschen Leben aufzuwiegen. Die Episode habe ich sehr viel später erfahren, und ich weiß nicht, ob meine Erschütterung und meine Wut milder ausfielen als die des Kanadiers, der die Lager vielleicht auch nur im Film gesehen hatte, vielleicht sogar im gleichen wie ich. Aber ich wollte meine Landsleute nicht töten, nicht einmal mit dem Tode drohen wie er, ich wollte sie nur einen Augenblick auf dem Rost und die Klappe zu. Ohne Belehrung, ohne Rechtfertigung, ohne Worte. Die einzigen Geräusche sollten das Quietschen des Rostes sein und das Einrasten des Riegels. Danach würde jeder seiner Wege gehen. Der Kanadier wollte eine symbolische Rache. Er wollte seinem jungen Gefangenen einen tüchtigen

Schreck einjagen. Etwas in der Art wollte ich auch, aber ich wollte auch die Auferstehung aus dem Ofen.

Nicht lange davor waren in der Schule kleine Zettel ausgeteilt worden, auf denen Namen und Adressen von Schülern in aller Welt standen, die Brieffreundschaften in englischer Sprache wünschten. Auf meinem Zettelchen stand: 9, Massada Street. Haifa. Girl. Sie hieß Yael. Ihr erster Brief enthielt ihre Hobbys, sehr unschuldige: Briefmarken und Streichholzschachteln und das deutsche Wort Wellensittiche. Sie hatte zwei. Im nächsten Brief malte sie ihr Alphabet, fremde Kringel, die aussahen wie Vogelspuren, und bat um Briefmarken. Ihr dritter Brief unterschied sich so sehr von den ersten beiden, als habe eine andere Yael ihn geschrieben, und das stimmte wohl auch. Nichts mehr von Briefmarken, nicht mehr das harmlose Hobbygeplauder, die ernste, runde Jungmädchenschrift. Er war getippt und enthielt keine persönliche Anrede. Der erste Satz lautete: «Dear Friend!!! In this letter I want to tell you about our war.» Es war ein Rundbrief. Sie hatte ihn mit der ganzen Kraft zweier Zeigefinger in die Maschine gehackt, damit ihre Sätze das vielfach belegte Sandwich aus dünnen Blättern und Kohlepapier durchdrangen und alle ihre Freunde erreichten. Mein Durchschlag war übersät von den Einschlägen der Punkte, mit denen sie ihre kurzen, hastigen Sätze beschloß – winzige, schwarzumrandete Löcher –, und von den Garben der Bindestriche und Querstriche, mit denen sie ihre vielen Tippfehler getilgt hatte.

Sie sei, schrieb sie, mit anderen Schülern zwei Wochen vor dem Krieg in die Krankenhäuser von Haifa gegangen, um deren Fenster mit Leinenstreifen zu bekleben, damit sie bei Luftangriffen nicht splitterten. Sie schrieb von ihrem Bunker, vom ersten Luftalarm und von der Stunde, in der der Krieg begann: zehn Uhr morgens. Sie schrieb von sehr harten, blutigen Kämpfen, von Luftangriffen, von der Eroberung eines Ortes mit dem fremd klingenden Namen Kunaitra, zwanzig

Kilometer tief in Syrien gelegen. Sie schrieb von dem Tag, an dem die Altstadt von Jerusalem eingenommen war. «Our tanks», schrieb sie und «our soldiers» und «Old Jerusalem was by us». Und daß sie nun zu allen ihr heiligen Orten gehen könne, und daß in der Altstadt auch die heiligen Orte der Christen lägen, und daß sie hoffe, ich würde kommen, um diese Orte zu sehen – und sie. Christen setzte sie in Anführung, wie Kunaitra, und sich selbst in Klammern. Den letzten Satz hatte sie unterstrichen und ihm mit fünf Ausrufezeichen Salut gehackt: «This was our war!!!!!» Sie war vierzehn, und ich war fünfzehn. Sechs Briefe gingen hin und her, drei von ihr, drei von mir. Ihren Brief vom Kriege habe ich nicht mehr beantwortet. Ich wußte nicht, was ich ihr noch sagen sollte. Plötzlich war sie viel älter als ich.

Ich betrat das Haus am Kurfürstendamm. Die Beschreibung hatte im ‹Spiegel› gestanden, und ich hielt die Augen auf nach dem Bestattungsinstitut parterre. Daran, so hieß es, würde man es erkennen. Ich stieg die dunkle, schäbige Treppe hinauf. Ein Junge aus der Provinz, unterwegs zu den Gesichtern aus der Zeitung, begierig, die Gesten aus dem Fernsehen im Original zu sehen, in der Hosentasche einen mit einschlägigen Adressen bekritzelten Zettel. Viele waren es nicht, auch in dieser Hinsicht war Berlin leer. Im Herbst 1968 gab es keine Berliner Szene, kein Stadtmagazin mußte helfen, sich in ihr zurechtzufinden. Was es gab, war schäbig und roh wie die Mauer, die erste, über Nacht aufgemauerte. Am Abend zuvor hatte vor einem von Studenten besuchten Lokal in Kreuzberg ein Mann gebrauchte Gummiknüppel aus Polizeibestand verkauft. Kein studentischer Aktivist, nein, ein Mann in den Fünfzigern. Pantoffeln, Fassonschnitt.

Die Tür stand halb offen. Als ich beim Berliner SDS eintrat, sah ich verschiedene ‹Spiegel›-Gesichter um einen Tisch herum diskutieren, wie man damals sagte; APO-Schönheiten räkelten sich lasziv wie Popstars oder vielmehr Groupies auf durchgelegenen Sofas rings an den Wänden. Den Jargon, der hier gesprochen wurde, kannte ich bisher nur schriftlich. Es war erregend, den Tonfall zu hören, diese seltsame, gegen die Textlogik arbeitende Sprachmelodie, dieses Ansingen gegen den Sinn. Wie bei einem Popkonzert, war jedes Detail interessant. Wer Augen hatte zu sehen, sah und spürte den Übergang. Er war da, jetzt, und ich stand mittendrin. Er war hier in dieser Versammlung überm Begräbnisinstitut. Die einen sahen aus wie jüngere Brüder von Ludwig Erhard, andere meinte ich vom Coverphoto einer Schallplatte aus London oder San Francisco zu kennen. Während die Männer sich in der Regel für ein Habit entschieden hatten, sahen nicht wenige Frauen aus, als hätte der rasche Wechsel der Zeiten ihnen keine Zeit gelassen, sich ausgehfertig zu machen. Minirock und Hochsteckfrisur. Unten Nico, oben Soraya. Ein riesiger Fundus historischer Kostüme mußte dieses Berlin sein. Die schweren, fußlangen Mäntel. Die Pelze. Die abgewetzten dreiviertellangen, zweireihigen Lederjacken. Die Brillen. Die Aktentaschen. So eine hatte am Tatort gelegen, den das Fernsehen Ostern gezeigt hatte, in einem der von der Polizei auf den Asphalt des Kurfürstendamms gemalten Kreidekreise, gar nicht weit von hier. Wieder war in Berlin geschossen worden, das Schießen hatte hier eigentlich nie ganz aufgehört seit dem Krieg. Ab und zu sah ich zwei von einem Sofa verschwinden und nach einer halben Stunde zerzaust wiederkommen, so jedenfalls habe ich es meiner Unterprima berichtet. Aber das Parkett, dafür lege ich die Hand ins Feuer, bedeckte ein dicker Filz aus Roth-Händle-Kippen. Ein Mann kam nach vorn und begann aufgeregt über sehr bedrohliche, aber nicht recht faßbare Dinge zu sprechen. Strahlen aus dem All. Sender. Obgleich er einen verwirrten Eindruck machte, ließ man ihn reden, aber es führte nirgendwohin, und bald siegte der Unmut über den Vorsatz, nie wieder autoritär zu sein.

Ich drängte mich nach vorn und bekam einen Termin bei einem der großen Namen und seine Privatadresse. Eine andere dunkle Treppe hinauf, größer, breiter diesmal. Ein starker Abglanz von Eleganz und Großzügigkeit. Ein kleiner, hagerer Mensch in blauer Drillichjacke stand in der hohen Tür, in einer Jacke, wie sie deutsche Klempner und chinesische Revolutionäre trugen. Blaue Ameisen sagte man dazu. Er führte mich durch den langen Flur der einst prächtigen Wohnung. Das Berliner Zimmer war von riesigen Ausmaßen und bis auf den Schreibtisch, er stand mittendrin, leer und dunkel. Die karge, klandestine Art machte einigen Eindruck auf mich. Unsere Unterredung war kurz und ergebnislos. Ich erklärte, ein antiautoritärer Schüler aus Westdeutschland zu sein. Er erklärte, die Bewegung sei leider noch nicht so weit, mir eine revolutionäre Perspektive geben zu können.

Für den Tag in Ost-Berlin hatte ich mir drei Dinge vorgenommen: die chinesische, die kubanische und die nordkoreanische Botschaft. Letztere erreichte ich nachmittags. Es dämmerte schon, und ich wunderte mich, wie lange es dauerte, bis mir ein geistesabwesender Koreaner im Pyjama öffnete. Augenscheinlich hatte ich ihn aus dem Bett geklingelt und einige andere, die sich im Hintergrund hielten, auch. Ich sagte meinen Spruch, und er führte mich in einen dunklen Raum und legte einen Propagandafilm in den Projektor. Danach erkundigte er sich, wacher jetzt, nach südkoreanischen Krankenschwestern. Ob in meinem Heimatort welche seien, ob ich Kontakt zu ihnen herstellen könne. Ich erinnerte mich an eine spektakuläre Entführung solcher Schwestern, verneinte, gab vor, es eilig zu haben, und nahm rasch Abschied.

Die kubanische Botschaft schaffte ich nicht, aber die der Chinesen entschädigte mich voll und ganz. Sie war geschmückt wie ein Schiff zur Flaggenparade, sie war ein einziges Fest der Farbe Rot. Ihre Fahnen, Plakate, Schaukästen und Banderolen leuchteten mir den Weg durch die lange graue Straße von Karlshorst. Ich klingelte, die Pförtnerluke ging auf, und der Kopf eines Chinesen erschien. Minuten später saß ich in einer der ausladenden Sesselgruppen mit Teetasse und Spucknapf, wie sie bis heute auf Photos von Staatsempfängen in Peking zu sehen sind. Ich mußte nicht lange auf den stellvertretenden Botschafter warten, der mir angekündigt worden war. Zu meiner aufrichtigen Verblüffung war es der Mann in der Luke, der Pförtner. Ich ging, reich bepackt mit kulturrevolutionärem Schrifttum und überzeugt, soeben einem lebenden Beispiel der überwundenen Trennung von Hand- und Kopfarbeit und überhaupt der Zukunft begegnet zu sein, die lange graue Straße wieder hinunter und drehte mich einige Male um nach dem kräftigen Chinarot. Genauso muß im Sommer 45 das Rot von Onkel Thies' Cabriolet geleuchtet haben.

Der Morgen nach dem Fest

Am Morgen nach der langen Nacht des 9. auf den 10. November 1989, die Mauer stand seit zwölf Stunden offen, wurde die Tür zu einem Westberliner Café geöffnet, und herein trat ein Mann vom andern Stern. Er sah anders aus, bewegte sich anders und bestellte und trank seinen Kaffee anders, mit «Konjack» und großer Gier. Gewiß war, nach den Ereignissen der Nacht, sein Erscheinen erwartet worden, aber nicht so bald und nicht so. Der sachte Lärm der Kneipe verebbte. An den Tischen erstarb das Gespräch.

Das Café war ein prominenter Standort der Westberliner Boheme, die nach vielen anderen Späßen zuletzt ein verspieltes Interesse an der Welt hinter der Mauer entwickelt hatte. Schräg war das Wort dafür. Schräg hatte auch der Name des

Cafés, in dem ich mich von den Wanderungen und Bildern dieser verrückten Nacht erholte, an der Fassade gestanden: «Mitropa», nach der früher reichsdeutschen, dann ostdeutschen Firma, die hinter der Mauer Bahnhofsgaststätten betrieb und Restaurants in den Interzonenzügen. Lange Jahre war man in ihnen von Westdeutschland nach Berlin gefahren, hatte sich über Bewirtungsmethoden und Gerüche der «Mitropa» geärgert, Witze über sie gerissen, sie beinahe liebgewonnen. Dann ging einem ein Licht auf. Das alles war natural born schräg.

Die Mitropamode setzte ein, Originalteile waren gesuchtes Dekor. Ein Set klobiger Tassen mit dem blauen Emblem aus einer ostdeutschen HO-Gaststätte. Löffel und Gabeln, echt Aluminium, aus der Raststätte Magdeburg-Börde, die leicht in der Hand lagen wie Knastbesteck. Dazu alte Plastikstühle, möglichst in Braunorange und Wände in Türkis oder Schwimmhallengrün. Nur eines fehlte: das Personal in geblümten Kittelschürzen. Die echte «Mitropa» verstand den Spaß nicht. Sie fühlte sich veralbert, aber vielleicht nahm sie die Sache auch bitterernst und sah sich raubkopiert. Wie auch immer, sie ließ dem Café, obgleich es in der besonderen politischen Einheit Westberlin lag, also im feindlichen Ausland, den Namen «Mitropa» gerichtlich verbieten. Ihm blieb das Kürzel «M» an der Fassade und auf den Getränkekarten.

Etwas war vorgegangen seit meinem ersten Besuch im Herbst 68, ein Detail: Seit der Teilung enthielten die grauen Ausweisbüchlein der Westberliner den Vermerk behelfsmäßig, und keinem wäre es eingefallen, sich des Wortes aus der Zeit der Durchgangslager und Behelfsheime zu schämen. Die Blockade steckte darin, der Tag, an dem Maurer und Soldaten erschienen und so taten, als könne man eine Stadt brechen und teilen wie eine Tafel Ami-Schokolade. Das Wort enthielt die Not und den Abstieg und die ganze absurde Lage, aber auch den Stolz von Berlin: nicht auf und davon zu sein. Ich besitze noch so einen Behelfsmäßigen und weise mich noch mit ihm aus. Eine plastikverschweißte Karte, ausgestellt am 6. November 1989, drei Tage vor Dammbruch. Versteckt und verschämt steht das Eigenschaftswort auf der ID-Card, gerade noch lesbar an den Rand der Photographie des Inhabers gesetzt, absichtsvoll unauffällig wie der Name des Photographen am Zeitungsbild. Eine zweifellos elegante graphische Lösung.

So war das späte West-Berlin: eine graphische Lösung. Die Mauer ging durch die Stadt wie ein Gerücht, gestreut von Fremden oder von der Berlinwerbung selbst. Berlin war Wall City und sein berühmtestes Bauwerk sein Logo. Das Ding war häßlich gewesen, früher einmal, aber es zog keinen Haß mehr auf sich, nur Kunst. Um 1427 malte ein junger Florentiner die Heilige Dreifaltigkeit auf eine Kirchenwand. Als das Fresko enthüllt wurde, löste es starke Verwunderung aus. Die Wand, die doch nur eine Wand war, öffnete sich vor aller Augen tief in den Raum einer Kapelle hinein. Der Maler Masaccio hatte die lange vergessene dritte Dimension der Bilder wiedergefunden, die Passage in den Raum. In Berlin zeigte es sich, daß der Pfad der Wahrnehmung auch zurückführt. Wie eine Kirchenwand Raum werden kann, kann ein ausgesprochen räumlicher, die Stadt greifender, teilender Körper zur Tapete schrumpfen. Man bemalt und besprüht das Ding so lange, bis es auf nichts mehr verweist als auf sich selbst, bis es bloßer Malgrund ist, nicht körperhafter als Masaccios Kalk. Nur noch ahnungslose Touristen stiegen auf die Aussichtsplattformen des Kalten Krieges. Der aufgeklärte Maueranrainer wußte: Es lohnt nicht nachzuschauen. Da ist nichts hinter der Wand.

Westberlin war dicht wie sein berühmtes Tonstudio am Anhalter Bahnhof, in dem Londoner und New Yorker Popstars ihre mitgebrachte Musik aufnahmen und die melancholischen Berlinlieder, die ihnen hier einfielen. Das Studio Berlin hatte seine eigene Akustik, in die Töne von außen nicht drangen. Reichenberger Straße. Görlitzer Bahnhof. Schlesisches Tor. All diese Namen hatten einen völlig neuen Klang. Der Gesang der Gleise, die in diesen Bahnhöfen endeten, das Echo der Orte, aus denen halb Berlin stammte, war weggeblendet, der Berlintext mit einem neuen Sound unterlegt. Am Mariannenplatz hatte die Nacht gebrannt, am Kottbusser Tor Bolle, hinterm Schlesischen Tor stand die Kiezkunst dicht wie Poller.

Wenn ich darüber nachdachte, warum ich hier war und was ich hier suchte, dann mußte ich mir eingestehen, daß es weder etwas Nützliches war noch überhaupt etwas Greifbares. Ich verbrachte viel Zeit damit, ohne bestimmtes Ziel durch die Stadt zu laufen. Wer sich von Westen hierher zurückzog, wollte vor allem eines: nicht dort sein, wo er herkam. West-Berlin war die Alternative zum Auswandern. Der deutsche Ort, an dem man am weitesten weg sein konnte von Deutschland, der leere Thron. Zugleich war es die Tür, die mitten hinein führte, der Königsweg. Meine Generation neigte dazu, den leeren Thron zu suchen und die Tür nicht zu bemerken. Man schätzte diese leere, aus der Zeit geklammerte Stadt, das Leben in Parenthese. Man hatte ein Faible für dieses verschossen-zerschossene Dekor, das herrlich herrenlos war, besetzbar, bemalbar, frei trödelbar, deutscher Sperrmüll.

Einmal sah ich eine Demonstration. Sie kam auf mich zu. Wofür oder wogegen sie sich richtete, schien allen klar zu sein, nur mir nicht. Vielleicht ließ sich das nicht so genau sagen, und es ging mehr um den Akt selbst, jedenfalls gab es weder Parolen noch Transparente, noch sonst Hörbares oder Lesbares. Aus vereinzelt skandierten Parolen wurde ich auch nicht schlau, sie glichen eher Anfeuerungsrufen im Stadion. Es war wie beim Tanzen. Entweder man tanzt mit, oder man steht daneben und versteht gar nichts. Jetzt schwenkte der Trupp, der auf mich zugerannt kam, plötzlich ab in eine Seitenstraße. Ich folgte ihm, und es ging so weiter durchs Viertel. Lose Haufen rannten hierhin und dorthin, die Polizei in ebenso loser Formation in einigem Abstand immer hinterher.

Meine Generation hatte Berlin besetzt. Das war nicht schwer gewesen. Die Stadt war erschöpft von einer Überdosis Geschichte und Propaganda. Sie mochte nicht immerzu für etwas stehen, das größer war als sie selbst. Sie sehnte sich nach ein bißchen harmlosem Spaß: die Tür hinter sich zuziehen und endlich mit sich allein sein und mit denen, die auch so sind. Sie gab es auf, sich zu sträuben, und wuchs in die lange dargebotene steinerne Umarmung hinein. Nach Brandbomben und Kahlschlag, Wiederaufbau und Kulturrevolution nun der Hang zu Traum, Dämmer, Dekor. Offenbar kennt jedes Jahrhundert solche Erschöpfungen. Das junge Greisentum seiner Generation, ihr «schwaches Planen, wie das Leben weiter werden soll», ihr Welken hinter «schwergerafften dunklen Atlasdraperien, die ein Aufwand falscher Leidenschaften über ihr zu ballen schien», hat Rilke im ‹Damen-Bildnis aus den Achtziger-Jahren› hingetuscht.

Es war nicht Atlas, und es war nicht vornehm dunkel. Das Dekor von West-Berlin war bunt und billig. Die jungen Damen dieser achtziger Jahre trugen Tigerleggings und eine grüne Papageiensträhne im Haar, wenn sie sich am Nebentisch ihre früheren Leben als ägyptische Prinzessinnen und keltische Hexen erzählten. Das war in Schöneberg im Monat Mai. Ein paar Straßen weiter hatte Doktor Benn an seinen Nebentischen einen Herrn «in Loden und mit vollen Gesten» belauscht, das «Paar im Ansaugestadium», den alten «Kellner, schuftend», und «das Nichts». Von Loden konnte keine Rede sein, die neuen Kellner waren junge Schnösel und im wirklichen Leben selbstredend Künstler. Und was das Nichts anging: Es war ein guter Bekannter, es ließ keine Party aus. Nebenan hatte die Tischbesetzung gewechselt. Es ging um einen Film. Jemand sagte, er bringe es einfach nicht fertig, einen tragischen Film zu machen. «Ich stelle mir das zwanzigste Jahrhundert als Magnumflasche vor, und die Alten haben sie restlos ausgesoffen. Sie haben den ganzen tragischen Vorrat aufgebraucht. Alle Kriege geführt, alle Bücher geschrieben. Jünger, Benn, Brecht, Conrad, Camus, Heidegger, die ganze Meute.»

«Das war nicht nett von ihnen.»

«Nein, nicht nett. Die Generation, die man sich immer als zukünftige denkt, wenn man in ihrem Namen vor Ressourcenverschwendung warnt, das sind wir.»

Eine bleierne Unruhe hatte das Café «M» ergriffen. Er war gleich erkannt worden, als er in der Tür erschien. Man starrte ihn an und gab sich Mühe, nicht hinzusehen. Der Mann vom fremden Stern hatte eine aufwühlende Nacht hinter sich. Nach siebenundzwanzig Jahren zum erstenmal im verbotenen Teil seiner Stadt, der eher ein Bild war als eine Erinnerung. Ein Bild aus dem Fernsehen, das man betritt. Nichts vertraut, keine Straße, keine Geste, kein Getränk auf der Getränkekarte. In der Nacht war ihm der Mann mit dem Migränegesicht im Fernsehen erschienen, mit einem Zettel, mit der unglaublichen Mitteilung, die Grenze sei offen. Er war gleich los. Er hatte sich durch die fassungslos feiernde Menge gewühlt, die den Grenzübergang verstopfte. Er betrat Terra incognita. Er wanderte Stunde um Stunde. Irgendwer nahm ihn mit zum Kurfürstendamm, den die Freigelassenen in einer Endlosschleife hinauf und hinunter fuhren und liefen. Niemand hatte es ihnen gesagt, es war so gekommen, die Nacht brauchte ein Ziel. Und niemand drückte sich die Nase an den erleuchteten Schaufenstern platt, das kam später. Als es hell wurde und die Geschäfte aufmachten, fiel dem Mann ein, er könne nicht mit leeren Händen heimkommen. Er tat, was alle taten, und kaufte Bananen und Apfelsinen, und zwar sackweise, aus einem geübten Reflex: zuschlagen, solange was da ist. Den Rest des Begrüßungsgeldes ließ er sich herausgeben. Er zählte genau nach. In diesen verrückten Stunden wußte kein Mensch zu sagen, was morgen war und ob die Mauer nicht ebenso schnell, wie sie eine Handbreit aufgegangen war, wieder zuschnappen würde.

Er war durch den sonnigen Morgen gewandert, an dem alles anders war. Der neue Tag war ganz durchsichtig, als wäre sogar das Licht auf Anfang gestellt: fahle, kalte, dünne Novemberröte. Nun wollte er ausruhen. Bevor er wieder über die Grenze ging, wollte er sich in ein Westcafé setzen und sich eine Tasse Westkaffee gönnen und was Kurzes dazu. Er hatte verschiedene Aushänge studiert und kannte den irrwitzigen Preis, aber er fand, er habe sich das verdient. Aber wo? Er lief durch die Straßen, bis sein übernächtigter, farbwunder Blick einen Halt fand. Inmitten der verwirrend geschäftigen Buntheit schienen ihm die verschossenen Farben dieses kleinen, schmuddeligen Cafés, seine unbehauste Heimeligkeit vertraut. Er ging in seine «Mitropa». Daß es nicht seine war, daß sie anders gemeint war, konnte er nicht wissen und, hätte es ihm jemand gesagt, unmöglich begreifen. Aber wer ihn eintreten und seine Säcke, erst den mit den Orangen, dann den mit den Bananen, vorsichtig absetzen sah und in einem Berlinerisch, das man hier nie gehört hatte, in die Stille hinein «Kaffekonjack» bestellen hörte, begriff: Die Party ist aus. Sie sind da.

2 | Auch ich war in Berlin

Wer heute durch Berlin geht, immer an der Narbe entlang, aus der gerade die Fäden gezogen werden, die Schnüre der Bauplanen, der begegnet unversehens den Resten des nachtschattigen E. T. A. Hoffmann-Parks, der Berlin eben noch war.

«Kommst du einmal, vielgeliebter Leser! des Weges, so scheue weder den kleinen Aufenthalt deiner Reise noch das kleine Trinkgeld, das du etwa dem Gärtner geben dürftest, sondern steige fein aus dem Wagen und laß dir Haus und Garten aufschließen, vorgebend, du hättest den verstorbenen Eigentümer recht gut gekannt. Und laß dich nicht irremachen, wenn der Gärtner unsichtbar bleibt.» An der hohen, stählernen Gitterpforte findest du Kamera, Klingel und Schild. Du magst auch warten, bis eine aus dem Frauenfitneßcenter, welches in den Südflügel des alten, düsteren Hauses in der nördlichen Friedrichstadt gezogen ist, über den Hof federt. Sobald die schwere Pforte sich summend vor ihr öffnet, springe du nur hinein, halte dich rechts, und bald wird ein Mensch von fernöstlichem Aussehen die Treppe herabkommen und dich fragen, was du hier suchst. Auf diesen Moment sei gefaßt. Weißt du ihm irgend plausibel zu antworten, läßt er dich ein, und du stehst wenigstens im Vorzimmer eines der letzten Geheimnisse dieser Erde. Warst du in einer momentanen Blödigkeit um die Antwort verlegen, so mußt du wieder hinaus. Dann gehe nur an dem eisernen Zaun entlang und betrachte die staubsteifen Stores, die in den dunklen Fenstern des schroffen Gebäudes mehr stehen als hängen, und die Bilder in den Schaukästen: Genosse Kim Jong Il auf dem Kommandoposten auf einer Anhöhe an der vordersten Linie während der Entgegennahme einer Meldung über die feindliche Lage und der Erkundigung nach Geländebeschaffenheiten. Auf dem Klingelschild stand: Büro für den Schutz der Interessen der Koreanischen Demokratischen Volksrepublik. Ein kleiner erratischer Rest, wie gesagt. Vor ein paar Jahren noch war hier alles feindliche Lage.

Wir waren alle dabei, wir haben es mit eigenen Augen gesehen, und schon ist die Frage, ob das alles Wirklichkeit war oder nur ein Spuk, nicht von der Hand zu weisen. Die Hand kam aus dem Puppenfenster, an das wir in Augenhöhe heranrollten. Ihr Mittelfinger zuckte: die Papiere, dawai, dawai, und wir gaben ihr die Papiere. Mit ihnen verschwand die Hand in dem grauen Häuschen, einer Art Stadionkasse, und während wir weitergewunken wurden und langsam, immer hübsch langsam vorwärtsrollten, fuhren unsere Papiere in einem blechernen, brummenden Puppentunnel auf der Höhe unserer Kniescheibe ratternd an uns vorbei, überholten uns, um uns an Kassenhäuschen Nummer zwo zu erwarten, in einer zweiten, Beeilung wippenden Hand. Dann fuhren wir selbst in den Tunnel hinein, in einen von dreien, um aus dem Loch, auf das sie alle hinausliefen, wieder herauszukommen: Dreilinden. Wirklich, wir fuhren in den Transittunnel hinein, wie wir in den St. Bernhard hineinfahren und aus dem San Bernardino wieder heraus. Plötzlich sind wir in einer anderen Welt. Da war der bleiche, kleine Mann mit der schwarzrandigen Brille, mit dem Hütchen, mit Lippen dünn wie ein Strich. Wer hatte sein Bild überall aufgehängt: im Gemüseladen, in der Sparkasse am Alexanderplatz, an allen Kiosken auf Seite eins, an allen Feiertagen im ganzen Land? Und wer klemmte mir nachts anonyme Zettelchen unter den Scheibenwischer? «Wir holen jeden raus» – darunter ein Postfach. Alle Tunnel sind fort, alle Bilder, aber die Existenz der Zettelchen ist bewiesen. Ich habe eins aufgehoben.

In meiner Nachbarschaft befanden sich zwei Fachgeschäfte für Gartenzwerge, die Berliner Zauberzentrale und einige Schweine und Ziegen. Die Zauberzentrale war ein Ausstatter für den professionellen Magier, die Tiere weideten im Grasland unweit der Wilhelmstraße. Kann sich noch jemand auf die Wilhelmstraße besinnen? Das ist die Straße, wo der Matratzengroßhandel ist. Wenn ich abends aus dem Fenster meiner grenznahen Wohnung sah, sah ich in fünfmal zehn erleuchtete Apartments hinein, hochgestapelt wie eine riesige Monitorwand. Auf jedem Schirm lief eine andere Serie, aber man verpaßte nichts, denn jede hatte den Vorteil, den anderen neunundvierzig zu gleichen. Um die Ecke lag der letzte Untergrundbahnhof des Westens. Leute mit dicken Taschen und Sträußen gingen die Treppe hinab, als strebten sie dem sonntäglichen Krankenbesuch zu. Ihre Autos hatten westdeutsche Kennzeichen, wie meines in der ersten Zeit in Berlin. So geriet es in den Verteiler der Fluchthelfer, die nachts in den Straßen um den Checkpoint für ihre Dienste warben. Spurlos ist das alles fort, in einer einzigen Nacht.

Unter den großen Menschenversuchen des Jahrhunderts steht der Spuk der Teilung nicht als blutigster da, aber doch als der absonderlichste. Zeitlebens lastend wie ein Naturgesetz, hatte sie einen wunderbar leichten Tod. Es mußte nur jemand kommen und laut in die Hände klatschen, und das ganze sakrosankte Brimborium fiel lautlos in sich zusammen. Seit es fort ist, ist eine Unlust da, auch nur daran zu denken. Wie auf eine Bekanntschaft aus heikler Zeit, möchte man nicht darauf angesprochen werden. Kein Schuldgefühl ist es, diesmal nicht. Eher fühlt man sich wie ein Hypnotisierter, der auf offener Bühne zu sich kommt und beim Anblick der grotesken Verrenkungen anderer, noch nicht Erwachter, feststellen muß, daß der Hypnotiseur ihn und alle zum Narren gehalten hat. Seinen Instinkten, seinem Geist wurde eine so kampflose, lang anhaltende Niederlage bereitet, daß es ihn sogar genieren würde, wenn er auch nur passiv, als Zuschauer, dabei gewesen wäre. Als hätte man sich viel früher an die Stirn schlagen und dem Hypnotiseur zurufen sollen: Schluß jetzt, es reicht!

Rasend schnell, schneller als jeder andere, stürzt dieser Brocken Zeit in die Geschichte zurück, in die Schnurre, in die Hoffmanniade, die er immer gewesen war.

Die transsylvanische Sophie

Als ich ihr Photo am Kiosk sah, mitten auf Seite eins, lag unser letzter Abend wenige Tage zurück. Frau Sophie, so ließ sie sich nennen, war ungewöhnlich redselig gewesen. Sie sprach von sich, von früher, von jungen Herren, die keine Sorgen und viel Zeit gehabt hatten. Sie sprach von Fahrten im offenen Wagen, Fahrten durch die transsylvanischen Berge nach Varna hinunter, von den verrückten Nächten in Spielcasinos am Schwarzen Meer. Wer das alles bezahlt hatte, die Wagen, die Nächte, die Jetons, ihre ganze übermütige Jugend zwischen den Kriegen, und woher sie selbst kam, aus welcher Stadt, welchem Land eigentlich – ich weiß es bis heute nicht. Ich weiß nicht einmal, ob ihr Nachname, der polnisch klang, angeheiratet war oder echt, so echt wie ihr üppiges rotes Haar. Bestimmt weiß ich nur ihre Lieblingsblumen: rote Gladiolen. Nein, ausfragen ließ sie sich nicht. Zwei Kriege hatte sie überlebt und den Ball dazwischen durchtanzt. Dann war der Kommunismus gekommen und hatte Frau Sophie arm gemacht. Das mußte genügen. In langen, trüben Jahrzehnten ohne Cabriolets, ohne die Champagnerluft der Seebäder und Casinos war sie älter geworden und endlich alt. Als sie nach West-Berlin kam, stand sie in Rente.

Immerhin, sie hatte die Rettungsinsel erreicht, das war keine Kleinigkeit damals; die Mauer stand stumm und schweigend und wußte nichts von Spitzhacke und Schredder. Rastlos holte Frau Sophie unter der Kaiser-Gedächtnis-Ruine ihr im Osten verschollenes Leben auf. Als ich sie traf, war sie weit gekommen. Nach wenigen Jahren in West-Berlin war sie, was man eine vermögende Frau nennt. Allerdings sah man es ihr nicht an, und das sollte man auch nicht, wie ich bald verstand. Am Anfang war es eher ihr Sprachvermögen, das mich beeindruckte. Sie war darauf so stolz wie auf ihre geheimen, verzweigten Geschäfte, in die sie mich nach und nach einweihte. Sie sang reinsten polnischen Nasal, bewegte sich mühelos durch das zischelnde Unterholz dieser Sprache, turnte die kehligen Selbstlautkaskaden des Ungarischen hinab und fiel bei Gelegenheit ins Ostromanische ihrer wilden Jahre. Die geläufigen Sprachen des Westens waren ihr eine Selbstverständlichkeit.

Ich vergaß zu sagen, wie ich sie traf. Ein Grund, in den achtziger Jahren nach West-Berlin zu ziehen, waren die von aller guten Gesellschaft verlassenen, heruntergekommenen, dafür aber billigen und vor allem riesigen Wohnungen. Ich suchte eine besonders große mit Arbeitsräumen für mehrere Freunde. Meinen ersten Berliner Winter hatte ich zur Untermiete in einem Zimmer am Ende eines langen, nach der Mode der siebziger Jahre dunkelbraun ausgelegten und angestrichenen Flures zugebracht, in den nur dann Tageslicht fiel, wenn die Tür einer der beiden Hauptmieter offenstand. Das kam selten vor; die zwei waren einmal ein Paar gewesen und, als das vorbei war, einer komplizierten Einfachheit zuliebe in der gemeinsamen Wohnung geblieben. Nachdem der Flur still an den Türen der beiden vorbeigegangen war, verschwand er ums Eck, um sich durch allerhand Schränke und Ablagen aus glücklicheren Tagen zu einer letzten Tür zu zwängen. Hinter der wohnte ich. Mein einziges Fensterloch hatte irgendein Vormieter in die Wand zum Hof geschlagen. Mit Häusern ist es wie mit Leuten. Manche mag man riechen, andere nicht. Dies Haus war erfüllt vom sauren Aroma der Armut, einer langanhaltenden, erblichen Armut, die es weitergab von den Alten auf die Kinder und Kindeskinder. Ich nahm Hammer und Meißel und schlug den vor hundert Jahren gemauerten Herd aus meinem Zimmer heraus, das früheren Bewohnern offenbar als Küche gedient hatte, füllte das verkohlte Bratfett und die versteinerten Aschreste der Generationen vor mir in viele Blecheimer und trug sie viele Male die Treppe hinab.

Es gab Tage, an denen drängte der Eindruck sich auf, das Haus Berlin habe zwei Sorten von Bewohnern, junge Zugezogene und alte Übriggebliebene. Sie trafen sich auf der Treppe, schwer atmend die einen, lärmend die andern. Die Jungen störte es nicht, daß die schlaflosen Geister aus der ersten, tragischen Jahrhunderthälfte im Haus umgingen. Sie gaben die Kulisse ab, die es ihnen ersparte, ganz und gar unter sich zu sein. Da war die Verse schreibende Dame aus St. Petersburg, die nach dem Krieg – dem ersten – als Zwanzigjährige mit dem Strom russischer Emigranten nach Berlin gekommen war, und immer noch in der gleichen Wohnung in einer Seitenstraße des Kurfürstendamms saß, die sie in den dreißiger Jahren bezogen hatte. Von ihren Freunden, lauter große Namen des russischen Exils, sprach sie, als seien sie nicht Ende der zwanziger Jahre nach Paris weitergezogen, sondern eben nach nebenan gegangen, den Samowar versorgen. Sie lebte in Symbiose mit einem jungen Araber, der die Einkäufe erledigte und mit ihr sprach und dafür billig wohnte.

Überhaupt diese großen, dämmrigen, etwas muffigen, seit einem halben Jahrhundert nicht veränderten Zimmerfluchten, vollgestopft mit Geheimnissen, die niemand ergründen mochte. Seltsam unkaufmännische, somnambule Geschäfte in jeder Straße. Wer kaufte vor Jahrzehnten modisch gewesene Damenoberbekleidung, zerlesene Zeitungen, wie man sie unter alten Tapeten findet, stockfleckige Liebesromane, glatzköpfige Teddybären oder einen Restposten Schuhe aus der Nachkriegszeit? All diese Geschäfte gab es wirklich, sie hatten wirkliche Öffnungszeiten und wirkliche Kunden. Aber sie sahen aus, als hätten ihre Betreiber eines Morgens aufgehört, Staub zu wischen und neue Ware zu ordern. Und dieser Morgen lag dreißig Jahre zurück.

Das Berlin meines ersten Winters kam der zweiten Welt meiner Kindheit sehr nahe, in der die Verschwundenen und Verlorenen hausten. Ich hatte immerzu Ofenheizung in der Nase und Krähenschreie im Ohr. Fünfzig Jahre nach der Sommerinvasion der Panjepferdchen hatten einige zehntausend sibirische Nebelkrähen es sich zur Gewohnheit gemacht, am Ufer der Spree, in der Brache zwischen dem düsteren, rußigen Block des Reichstages und dem unsichtbaren Führerbunker, Winterquartier zu nehmen. Man sah sie vom Stadtbahnzug aus, wenn man vom Lehrter Bahnhof die letzte Nordkurve in den Osten fuhr. Das Ufer der Spree war schwarz von Krähen.

Der Winter dauerte ein geschlagenes halbes Jahr, und als er endlich vorüber war, mußte ich aus dem Zimmer am Ende des Flures heraus. Den Maklern, die ich aufsuchte, war es lästig, sich mit mir abzugeben. Einer griff schließlich zum Telefon, wählte eine Nummer, die er offenbar auswendig wußte, und reichte mir den Hörer über den Tisch. Es war still in der Leitung. Dann kam von weit her eine Stimme, alt, lauernd, verhalten: «Wer spricht?» Ich nannte meinen Namen. In irgendeinem östlichen Satzbau und Akzent fragte die Stimme, ob der junge Herr sei bereit, der Frau Sophie zu zahlen Belohnung. Präsent, setzte sie nach, als nicht gleich Antwort kam und wiederholte: «Präsent.» Es war ein Präsent mit zwei R und zwei Ä, und Frau Sophie war eine Sophie mit kurz betontem, offenem O und drei F. Das sei wohl so üblich, lenkte ich ein. Die Stimme gurrte zufrieden: «Fünftausend.» Bei Abschluß und bar. «Gewiß doch, in bar.» Bisher hatte die

Stimme sich unangenehm hoch gehalten. Ich stellte sie mir als einen Greifvogel vor, der über mir ist, und wünschte, daß sie endlich zustieße. Jetzt verlor sie an Höhe und wurde zutraulicher: «Der junge Herr scheint seriös. Nu, so kommen wir ins Geschäft.» Plötzlich hatte sie es eilig. Sie erwarte mich da und da, ob ich die Telefonzelle an der Ecke kenne. Ich beeilte mich, Ortskenntnis zu versichern und in zwanzig Minuten dort zu sein. Während ich hinfuhr, fiel mir ein, daß ich nur ihre Stimme gehört hatte. Wie sollte ich sie erkennen oder sie mich?

Die Sorge erwies sich als überflüssig. Schon von weitem sah ich eine kräftige Gestalt mit Plastiktüten in jeder Hand und kupferroter Perücke, die leicht schief aufsaß wie ein Turban. Frau Sophie stand auf kniehoch gestiefelten Beinen in strammen Jerseyhosen fest auf dem regennassen Boden der Berliner Tatsachen. In den Plastiktüten rasselte es metallisch, als sie mit einem Seufzer und einem spöttischen Blick auf ihren neuen Klienten in den Beifahrersitz sackte. Sie bot mir ihre schwere, altersfleckige Hand in einer Weise, die als Aufforderung zum Handkuß ausgelegt werden konnte. Im letzten Moment schreckte ich zurück. Sie quittierte es mit einem mokanten Blick und gab Anweisung loszufahren. Ich beobachtete sie von der Seite. Ihre große Hornbrille, dickes Horn, dickes Glas, machte ihr Eulenaugen, und auch aus ihren Ohren hatte sie das menschenmöglich Häßliche gemacht. Von Läppchen zu sprechen, verbietet sich; es waren von schweren Klunkern erstaunlich langgezogene Lappen. Um ihren Hals lagen mehrere fette, falschgoldene Ketten.

Vor einem einst stattlichen, jetzt etwas heruntergekommenen Gründerzeithaus hielten wir. Sie arbeitete sich aus dem Sitz, wühlte aus einer der Plastiktüten einen Schlüssel heraus, schloß auf, ging durchs Haus in den Hof und stieg die enge Wendeltreppe eines Anbaus hinauf. Die klappernden Plastiktüten enthielten ihr Kapital. Lauter Berliner Schlüssel. Der zur

Wohnung, die sie mir zeigen wollte, fehlte in der Tüte. Den hatte die Hausmeisterin, die schwerhörig war und in einem gotischen Türmchen im Hof lebte. Nach viel Geklingel lugte ihr kleines, altes Gesicht durch den Spalt, den die Sperrkette freigab. Während sie in ihrem Zimmerchen, das zugleich Küche und Stube war, den Schlüssel suchte, hörte sie nicht auf, sich über Frau Sophie, die sie duzte, zu wundern:

«Daß du das noch kannst, Sophie. Daß du nicht müde wirst bei dem Gerenne, bist doch auch schon siebzig.»

«Dreiundsiebzig», korrigierte Frau Sophie und lächelte süßsauer. «Den Schlüssel, Luzie!»

Die Wohnung, die sie mir ohne anzuklopfen aufschloß, war keineswegs leer. Aus ihren Zimmern steckten verschreckte junge Frauen ihre Köpfe hervor. Wer kam da? Kontrolle? Frau Sophie ließ mich einstweilen stehen und nahm sich die Frauen auf polnisch vor. Obwohl ich nichts verstand, hörte ich doch heraus, daß es um Geld ging. Sie war da, um abzukassieren. So ging es weiter. Der tägliche Anruf und die Order, sie da und da abzuholen. Das Wühlen im Schlüsselsack und eine neue Wohnung. Neue Gesichter, altes Geschäft. Es funktionierte so: Frau Sophie hatte Kontakte, die sie Freunde nannte, und die Freunde hatten Häuser. Das Privileg, diese Häuser zu vermakeln, dankte Frau Sophie diesen meist älteren, aus dem Osten stammenden Herren, indem sie ihnen junge Frauen aus der Heimat verschaffte, als ebenso verläßliche wie ansehnliche Dienstboten, Ehefrauen, Geliebte. Die jungen Frauen wiederum ließ sie, ohne Fragen nach dem Paß und dergleichen, in den ihr überlassenen Häusern der Freunde wohnen, was natürlich seinen gerechten Preis hatte, schließlich eröffnete sie ihnen die Verdienstmöglichkeiten, von denen sie immer geträumt hatten.

Die jungen Frauen, so scheu sie waren, standen nicht allein. Daheim in Krakau, Breslau, Lodz hatten sie Brüder, Männer, Freunde, welche mitunter für polnische Speditionen westwärts fuhren und ihrerseits Träume hatten. Auch hier konnte Frau Sophie helfen. Ein kleines, von ihr arrangiertes Geschäft warf ein Sümmchen ab, welches es dem Bruder, Mann, Freund erlaubte, einen von Frau Sophie vermittelten Unfallwagen zu kaufen und ihn bei der nächsten Fahrt unter die Plane des Lastwagens zu schieben. Daheim in Krakau, Breslau, Lodz warteten improvisationstüchtige Mechaniker, Schweißer, Lackierer, die unterm ewigen Ersatzteilmangel das Reparieren noch nicht verlernt hatten, darauf, den Schrotthaufen wieder auf die Räder zu stellen. Heute ist das nichts Besonderes mehr, aber Frau Sophie führte den Handel, als die Welt noch durch zwei geteilt und dergleichen eigentlich unmöglich war.

Frau Sophie hatte eine Schwäche für Ärzte. Ihr erster, noch beinahe zufälliger Kunde war ein Arzt gewesen. Leichthin war es zu dem neuen Geschäft gekommen, privatim, wie sie es mochte. Sie hatte einem Herrn, der ihr vorgestellt worden war, den Gefallen getan, eine Wohnung zu beschaffen. Und er hatte die mit Großzügigkeit gepaarte Dezenz, die sie an Männern schätzte und die sich gerade im Umgang mit Geld zeigte. Man mußte nicht ordinär werden darüber, es gab einen Weg, sich selbst und dem andern das zu ersparen. Man sah auf seinen Vorteil, aber auch auf die Geste. Man half, und es wurde einem geholfen. Man schenkte und wurde beschenkt. Als sie daheim seinen Umschlag öffnete, sah sie, daß sie sich in ihm nicht getäuscht hatte. Und als sie mir die Episode erzählte, erschien das Lächeln von damals auf ihrem Gesicht, der schöne, stille Stolz des Wiedererkennens, in dem das eigene Erkanntsein mit dem Erkennen des Gegenübers in eins fällt und einen raren Moment tiefen Welteinverständnisses schenkt. O ja, die Welt hatte sich gedreht, und die Tage von Varna waren dahin. Aber es gab noch Seelen, die einander erkannten wie an einem alten Ring, in dem der Banause nur ein wertloses, fleckiges Stück sieht.

Mit einem anderen Arzt machte sie mich bekannt. Sie nannte ihn Doktorchen oder ihren kleinen Doktor: «Ist verrückt nach polnischen Frauen, ganz verrückt.» Überflüssig zu sagen, daß sie auch in dieser Hinsicht für ihn sorgte. Daß sie allerdings die Etage, die er gerade ausbauen ließ, je würde vermieten oder verkaufen können, war unwahrscheinlich. Aber ihr schien das nicht weniger gleichgültig zu sein als dem Doktor. Das Bauen war seine andere Leidenschaft, und noch erstaunlicher als seine Ähnlichkeit mit dem kindlich glatzköpfigen alten Picasso im quergestreiften Matrosenhemd waren des Doktors freihändig hingeworfene Bauzeichnungen, nach denen einige ratlose polnische Maurer arbeiteten. In ihren Gesichtern war zu lesen, daß sie ihn für verrückt hielten. Sie nickten stumm zu seinen auf polnisch gegebenen Anweisungen, warfen sich Blicke zu und mauerten weiter. Sie mauerten vier Innenwände in die Dachetage, durch die der kleine Doktor uns führte, ihren zentralen Raum. Dies Zimmer würde also, wie viele seinesgleichen, vier Wände haben, aber keine Aussicht. Der Doktor hatte Fenster nicht vorgesehen, für diesen Raum nicht und für die ganze Etage nicht, nur einige Luken zum Himmel, wie Noah in seinem Boot.

Der letzte Deutsche

An einem sonnig kühlen Ostertag fuhr ich von Berlin nach Breslau und von Breslau nach Ottmachau, den Kofferraum voller Apfelsinen, Hartwürste und Konserven. All das war damals in Polen sehr knapp. Wir waren zum Essen in den Ratskeller gegangen, aber der Kellner, den wir nach der Speisekarte fragten, erklärte, die sei derzeit unnötig. Es gebe in ganz Breslau nur Nudeln mit Dosenfisch, wir hätten ebensogut die nächste Imbißbude aufsuchen können. Auf halber Strecke zwischen West-Berlin und Breslau, wo die alten Gasthäuser in den stillen Oderdörfern jetzt «Friedensblick» hießen und «Friedensgruß», hatten gegnerische Landsleute uns aus der Schlange gewinkt, die Orangen betastet, das Schokoladenpapier sorgsam geprüft, ihre Fangfragen gestellt und die Konserven zum Röntgen getragen. Unsere Bedenken quittierten die Grenzer mit dem Hinweis: «Das schadet nicht. Im Gegenteil, das tut dem Obst gut.»

Auf dem Obst und den Hartwürsten und Konserven im Kofferraum hatte, als er von der Reise erfuhr, der Vater einer Freundin bestanden, der alte Herr E. Sein Auftrag lautete, eine gewisse Dorfschmiede bei Ottmachau zu finden, die vermutlich keine mehr war, sowie den dazugehörigen Schmied, der womöglich gar nicht mehr lebte. Falls aber doch, so sollte ich ihn beschenken. Bevor das Jahrhundert sich in Vorher und Nachher teilte, hatte Herr E. auf seinem Gut dort in der Gegend gesessen. Während sein früherer Schmied nach dem Kriege bei den Polen geblieben war, hatte er selbst sein schlesisches Gut und Schlesien überhaupt nie wieder betreten. Aber an der Hangseite seines Hauses in der westdeutschen Vorortstraße, in der er jetzt lebte, hing schwer und ausladend der Holzbalkon des Gutshauses aus der verlorenen Welt hinter der Neiße. Er hat ihn nach seiner Erinnerung schnitzen lassen. Es war ein Balkon von beträchtlichem Ausmaß, und er schmückte das schmucklose, im Bungalowstil der sechziger Jahre errichtete Haus wie einen Zehnjährigen Vaters Zylinder.

Je weiter ich Breslau hinter mir ließ, desto stärker wurde der Eindruck, erst jetzt nach Schlesien zu fahren. Die Straßen der Dörfer und Städtchen, blankgewaschen von Aprilschauern, waren an diesem Sonntag so leer wie die Regale in den Kaufhäusern von Breslau. Das helle Licht dieser Jahreszeit ließ die Dächer und Kreuze alter Kirchen leuchten, die Fenster der Patrizierhäuser am Markt. Ottmachau schien menschenleer, aber nach ein paar Minuten lief eine alte Frau über den Marktplatz auf mich zu. Sie hatte den deutschen Wagen gesehen und kam ohne Umschweife auf die Dinge zu sprechen, die ihr fehlten. Ich öffnete den Kofferraum. Der Schmied, wenn er denn noch lebte und ich ihn fände, würde zwei Würste verschmerzen. Die Frau betrachtete die Würste aufmerksam, klemmte sie unter den Arm und fragte, ob ich nicht auch Unterhosen im Kofferraum habe, warme wollige, hier gebe es keine. Sie sagte Unnerhosen. Sie war während des Krieges in Hessen gewesen. Das vertraute hessische Wort auf dem Markt des Städtchens, das tief im Osten hinter einer Kaskade aus scharfen Grenzen lag und einmal Ottmachau geheißen hatte, schlug wie ein Blitz in mein Weltbild ein. Ich erwähnte den Schmied und den Gutshof, aber sie kannte beide nicht. Obwohl sie offenbar selbst Deutsche war, erklärte sie, sie werde mich zum letzten Deutschen von Ottmachau führen, den solle ich fragen.

Wir überquerten den Platz. Vor einem Häuschen, das ich für eine unbewohnte Ruine hielt, bedeutete sie mir zu warten. Sie pochte heftig an die Tür und rief einen Namen. Eine Zeitlang geschah gar nichts, dann rührte sich etwas. Sie nickte mir aufmunternd zu. «Er schläft noch.» Sie pochte und rief erneut, und wieder vergingen wenigstens zehn Minuten. Ab und zu war ein Rumoren und Brummen zu hören, dann, endlich, wurde die Tür von innen aufgestoßen, und ein Mensch trat heraus, den ich dem Haus nicht zugetraut hatte. Zwar waren Schuhe, Hemd und Krawatte ein wenig aus der Mode und aus der Fasson, und der Anzug war zu einer Zeit anprobiert worden, als sein Träger stämmiger gewesen sein mochte, aber der Hut saß recht unternehmungslustig auf dem Kopf des agilen kleinen Mannes, etwas nach hinten gerückt, etwas schief. Er schüttelte meine Hand, entschuldigte sich, daß er uns hatte warten lassen, trat einen Schritt vor auf den leeren Platz und hob an: «Ich begrüße Sie, meine Damen und

Herren, hier in Ottmachau. Dort sehen Sie das Rathaus, dort liegt Sankt Nikolaus, da drüben Sankt Anna. Wünschen Sie, daß ich Ihnen das Schloß zeige?» Selbstverständlich kenne er das Gut und den Schmied auch, der sei ziemlich alt, aber noch am Leben, und da er selbst gerade nichts Besseres vorhabe, werde er mich hinbegleiten. Wir fuhren los. Die alte Frau lief noch ein Stück weit neben dem Auto her, um an ihre hessische Not zu erinnern. Wenn wirklich keine im Kofferraum seien, möge ich ihr welche aus Deutschland schicken. Ich versprach und vergaß es.

Der frühere Familienbesitz war verstaatlicht, das Gutshaus diente den neuen Herren als Sitz der Verwaltung. Auf dem ansonsten leeren, weiten Hof rosteten einige Landmaschinen, standen die Pfützen vom letzten Aprilschauer und lungerten ein paar betrunkene junge Leute herum. Bei späteren Reisen in den Osten habe ich immer wieder diese Sonntage auf dem Dorf erlebt und sie immer gleich gefunden. So wie das Land in gigantisch ausgewalzte Blechkuchen und die bäuerliche Arbeit in Industriearbeit verwandelt war, so hatte der dörfliche Sonntag seinen Charakter vollständig verändert. Der siebente war der trostloseste Tag der Woche. Und der betrunkenste, je östlicher, desto trostloser und betrunkener. Das Auftauchen des fremden Wagens auf dem Hof war eine willkommene Abwechslung. Wir fanden uns gleich umringt. Einige waren zugänglich, boten die Wodkaflasche an und fragten nach Zigaretten; andere forderten, rempelten und nahmen eine drohende Haltung ein. Mein Begleiter riet zum raschen Aufbruch.

Zuerst dachte ich, er sei im Kokon der vierziger Jahre stekkengeblieben. Hitler sei der Krieg aufgezwungen worden, murmelte er, die Polen hätten seinen Sohn erschlagen. «Nach dem Krieg, als sie hier reinkamen.» Er spreche nicht mit ihnen, nur das Nötigste. Dann erkundigte er sich nach dem Land, zu dem er einmal gehört hatte, und nach einer Stadt dort; sie liegt achtzig Kilometer westlich der Grenze, die er niemals überschritten hatte. «Berlin soll in vier Zonen geteilt sein, stimmt's?» Er sinnierte eine Weile. Plötzlich kam er auf die jüngsten Straßenkämpfe in West-Berlin zu sprechen, wobei er sehr feinsinnig unterschied zwischen «Hausbesetzern – mit e» und «Hausbesitzern – mit i».

Wir fanden die ehemalige Schmiede, ein längliches, eingeschossiges Haus. Mensch und Amboß unter einem Dach. Die Tochter des Schmieds, sie war um die sechzig, führte uns zu ihrem anscheinend schwerhörigen Vater und versuchte ihm zu erklären, wer gekommen war. Ob er es verstand, ob er sich auf die Gutsherrschaft überhaupt besann, war nicht zu erkennen. Er sagte nichts. Seine Nachkommen waren zahlreich versammelt, die Stube saß voller Enkel und Kinder. Nach Kaffee und Kuchen begann der alte Schmied über das Für und Wider der Zeiten zu sprechen. Die Güter seien jetzt Staatsgüter. Die Gutsbesitzer früher hätten für ihre Landarbeiter und Kleinpächter wenig getan und manchen durch den Aufkauf seiner kleinen Werkstatt oder seines Gasthauses in ihre Abhängigkeit gebracht. Nun sei die moderne Zeit angebrochen, der Staat lasse den Arbeitern mehr zukommen, die meisten hätten Wohnungen mit elektrischem Licht und Bad. So ging es eine Weile, bis seine Verwandten sich langweilten und nach und nach gingen. Der Schmied hatte langsam gesprochen, wie von weither. Sobald wir allein waren, veränderte sich sein Ausdruck. Die Müdigkeit fiel von ihm ab.

«Fahrt das Auto hinters Haus.»

«Hinters Haus?»

«Ja. Da macht ihr den Kofferraum auf, aber erst da. Ich komme gleich aus der Hintertür. Das muß keiner sehen. Wenn die das mitkriegen, nehmen sie mir alles weg.»

Ich fuhr hinters Haus und packte den Kofferraum aus. Eilig versteckte der alte Schmied die Würste und Konserven vor seinen Verwandten. Dann verabschiedete ich mich, brachte den anderen letzten Deutschen, der mich hergeführt hatte, zurück nach Ottmachau, vor sein windschiefes Haus, und fuhr zurück nach Breslau. Dort nahm mich mein Gastgeber – ein Speditionsfahrer, unter dessen Plane sich immer ein Plätzchen fand – in eine Vorortstraße mit, an der, eine bei der anderen, vier auf Frau Sophies Geschäfte spezialisierte Werkstätten lagen. In den ersten beiden wurde gehämmert und geschweißt, die nächste kümmerte sich um die Elektrik, zuletzt lief der Im- und Export durch die Lackiererei. «Was wollen Sie: Benz? Limousine? Cabrio?» Um den Reimport solle ich mir keine Gedanken machen. «Viertausend Mark. So gut wie neu.» Dieser verlorene Sonntag war ein 20. April.

Sophies Ende

Die Wohnungssuche kam nicht voran, die Unternehmungen wurden immer absurder. Zurück in Berlin, mußte ich mir eingestehen: Das praktische Ziel meiner beinahe täglichen Touren mit Frau Sophie war aus dem Blick geraten. Sie zeigte mir eine Etage voller roter Lämpchen und Spiegel. Im größten Zimmer stand eine Bühne, auf der bis vor kurzem die Mädchen getanzt hatten und sicher bald wieder tanzen würden. An diesem Tag kam ich nicht in die Verlegenheit, mein Desinteresse erklären zu müssen. Ein zweiter Interessent erschien zum Termin, öffnete sein Köfferchen und ließ den Anbieter der Etage die darin gestapelten Geldscheinbündel sehen. Ein andermal dirigierte mich Frau Sophie zu einer Adresse, die sie, wie sich herausstellte, aus dem Immobilienteil der Zeitung hatte. Sie wollte dem Besitzer, den sie gar nicht kannte, in einem Überraschungscoup den neuen Mieter aufzwingen. Ihr Plan war: in sein Büro stürmen, ihm mehrere Tausendmarkscheine hinwerfen, ihn auffordern, an den solventen jungen Mann, der draußen warte, zu vermieten. Ich erklärte, solche Scheine weder bei mir zu tragen noch in den nächsten Minuten herbeischaffen zu können. Ein Abschluß wäre das Ende der Suche gewesen, und das wünschte offenbar keiner von uns beiden.

Eines Tages fiel das Wort Assistent, und bald darauf kam die Einladung zum Sommerball des rumänischen Konsuls. Frau Sophie dachte, ihrer Zeit um Jahre voraus, an legale Import-Export-Geschäfte und daran, sich selbst einen jungen Adjutanten an die Seite zu stellen, um die Diversifikation ihrer Geschäfte zu bewältigen. In diesen Plänen spielte der Sommerball des Konsuls eine Hauptrolle. Für mich sollte es eine Art transsylvanischer Debütantenball werden. Sie lockte mit großen Versprechungen. «Gibt schöne Tombolapreise. Und schöne junge Frauen.»

Bevor es dazu kam, kam der Tag, an dem sie Geburtstag hatte, ihren vierundsiebzigsten. Für den Nachmittag war ich in ihre Wohnung eingeladen, in der ich bis dahin nie gewesen war. Pünktlich um fünf trat ich aus der Sommersonne in die zerschlissene Vornehmheit des düsteren Hauses ein, mit einem großen Strauß roter Gladiolen. Der Korb aus gußeisernem Rankenwerk setzte sich mit einem Ruck in Bewegung und hob mich hinauf zu ihr. Sie öffnete die Fahrstuhltür und legte den Finger auf die Lippen. «Psst.» Der weite Flur war so still, als horchte das ganze Haus auf die Schritte. Alle Türen hatten Spione. Die fürstliche Etage war parzelliert, und in jeder Parzelle saß das Alter, seufzte und schlurfte das Leben, das ein Warten auf wenige immer gleiche Ereignisse war, vom Tisch zum Fenster, vom Fenster zum Tisch, ein Warten auf den Morgen, den Abend, den Morgen. Um sie herum saßen, so sah es Frau Sophie, Mißgunst und Neid. Man spioniere ihr nach und werde sie noch bei den Ämtern anschwärzen. Sie zog mich herein und die Tür hinter mir zu.

«Tokajer?» Sie füllte zwei Gläser. Sie erzählte, wie sie, frisch in Berlin, als Blumenfrau angefangen hatte, als eine unter mehreren am Platz. Ein paar Monate später habe es dort nur noch einen Blumenstand gegeben. Ich mußte raten, wessen Stand. Sie lachte, als wollte sie sagen: «Heute ist so ein Tag, heute wäre ich imstande und würde den andern was übriglassen.»

Niemals zuvor hatte ich sie so weich gesehen, so gelöst. Kein Wort von Geschäften. Sie verlor sich in den Spielcasinos ihrer Cabriojahre, in der Champagnergesellschaft und in den Leidenschaften der Söhne des Adels und der rumänischen Schwerindustrie. «Ich selbst habe nie gespielt», sagte sie verträumt. «Ich habe nur zugeschaut. Männer werden zu Kindern beim Spiel. Ich sah zu, wie ganze Vermögen verspielt wurden.» Gegen Mitternacht flog die Tür auf, und der Saal erwartete den allnächtlichen Auftritt der Fürstin Soundso. Frau Sophie sprang auf, warf sich in Pose, trat aus einer imaginären Flügeltür und rief: «Was ist der Einsatz?» Sie erschrak vor ihrer eigenen Stimme und sah sich instinktiv nach der wirklichen Tür hinter ihr um, der mit der Kette, dem Sicherheitsstahl, dem Spion. «Die Nachbarn.»

Dann eine wegwerfende Bewegung, als ob das alles schon nichts mehr zu bedeuten habe und bald ein Schiff mit vierzig Kanonen erscheinen werde, um sie hier herauszuholen. Sie konnte es nicht länger für sich behalten, sie mußte sprechen. Ja, es gab einen Mann in ihrem Leben, noch einmal, ein letztes Mal, und es war etwas Großes. «Seelenverwandtschaft.» Mehr sagte sie nicht.

Seit sie die Spielerin gespielt hatte, stand sie auf dem schmalen Pfad, der von der Tür durch das wüste Depot ihres Lebens als rastlose Sammlerin zu dem Sofa führte, auf dem ich saß. Borde, Tische, Schränke, Sessel und Fensterbänke trugen kaum ihre Last. Figuren aus Gips und aus Plastik. Überquellende Muschelkästchen, serbische Wandteppiche, Vasen aus Varazdin, eine Kollektion ausgesucht langhalsiger Flaschen aus verschiedenen Anbaugebieten lieblicher Weine. Es war eng auf dem Sofa, ich saß eingeklemmt zwischen großen Puppen in Rüschen, die mir Platz gemacht hatten, gerade so viel, wie unbedingt nötig war und, wie mir schien, widerwillig. Über allem schwere, süße Düfte, die ich nicht identifizieren konnte. Die frischen und welken Sträuße allein waren es nicht. Sie trug rumänische Spezialitäten und Rotwein auf. Sei es, daß sie keinen Kühlschrank hatte, sei es, daß er voll war, sie holte das Essen vom Balkon herein. Dort hatte es vermutlich den ganzen Tag über gestanden, und auf dem Balkon war Hochsommer.

Nichts anzurühren war ausgeschlossen, sie hatte Geburtstag, und ich war ihr Gast, also aß ich, und um essen zu können, trank ich ihren Tokajer und ihren süßen Wein, Glas um Glas, bis mir die Dinge um mich rum und das Sofa unter mir und Frau Sophie und was sie sprach und die Gedanken, die mir dazu kamen, zu entgleiten begannen. Ob es der Wein war oder das Bœuf Stroganoff vom Balkon, oder die schweren Aromen, oder alles zusammen, vermag ich nicht zu sagen, aber mein Zustand erlaubte mir nicht, länger zu bleiben. Ich kramte die dümmste aller Ausreden hervor, die vergessene Verabredung, die einem eben noch rechtzeitig einfällt. Frau Sophie, die ununterbrochen von der Welt von gestern gesprochen hatte, verstummte. Sie brachte mich zum Aufzug und sah mir nach, wie ich hinabglitt, ein wenig spöttisch, ein wenig traurig. Ich fuhr heim, fiel in einen bleiernen Schlaf und erwachte am nächsten Morgen mit hohem Fieber. Ich habe sie nie wiedergesehen.

An dem Tag, als ihr Photo auf Seite eins war, meldeten dicke schwarze Zeilen den Tod der vierundsiebzigjährigen Sozialhilfeempfängerin Sophie S. Man habe sie in ihrer Charlottenburger Zweizimmerwohnung erschlagen aufgefunden. Von einem stumpfkantigen, nicht identifizierten Gegenstand war die Rede. Die Kripo würde kommen. Die Beamten sagten, sie hätten meinen Namen im Adreßbuch der Ermordeten gefunden. «Ein ziemlich dickes Adreßbuch.» Der Fall schien kurios. Keine Verwandten, kein Verdächtiger, kein Motiv, keine Spur. Mord an einer alten, mittellosen Frau aus dem Osten. Wer tut so etwas? Ich wurde vorgeladen. Nach kurzem Verhör nahm ein Polizist meine rechte, dann meine linke Hand und rollte jeden einzelnen Finger zuerst in einer schwarzen Paste ab und dann auf einem Vordruck, zehn Kuppen in zehn Kästchen von der Größe einer Sonderbriefmarke. Dann konnte ich gehen.

Ich hörte nichts mehr von der Sache, bis mich Jahre später die Erinnerung trieb, die Mordkommission noch einmal zu besuchen. Der Kommissar entsann sich gleich. Sie hatten nichts Greifbares finden können, keinen ernstlich Verdächtigen, kein Motiv. Gewöhnlich, erklärte er mir, würden Morde von nahestehenden Personen aus naheliegenden Gründen begangen und darum fast immer aufgeklärt. Hier aber läge gar nichts und stünde überhaupt niemand nahe. «Ganz ungewöhnlich bei Mord, wie gesagt.» Man habe die Sache zu den Akten gelegt. Er holte eine schmale Normmappe hervor. Sie enthielt eine Handvoll Blätter, auf die ein Polizist auf einer im Dienst erlahmten und schrullig gewordenen Schreibmaschine belanglose Aussagen getippt hatte. Nichts, das vor Gericht als Beweis hätte durchgehen können, aber als ich darin blätterte, fiel eine alte Photographie heraus, und sie bewies immerhin soviel: Es gab einmal tief im Osten eine schöne junge Frau mit porzellanweißem Gesicht, glattem Hals und eventuell echtem schwarzem Haar, die ein Kleid in der Mode der dreißiger Jahre trug, eine schlichte, mutmaßlich ebenfalls echte Perlenkette und ein erstaunlich feines Lächeln dazu. Und manchmal ließ sie sich von einem jungen Herrn im offenen Wagen durch die transsylvanischen Berge fahren, nach Varna hinunter.

Morbus Adenauer

Am Ostufer der Elbe beginnt die asiatische Steppe: Er soll das gesagt haben. Der Satz fiel mir ein, als ich – die Mauer um Frau Sophies und unser aller Sonderwelt stand nicht mehr – aus Berlin in südlicher Richtung hinausfuhr. Ich sah das Rollbild der Landschaft, die der Bocciaspieler von Cadenabbia gemeint hatte, durch das Fenster eines langsamen, alten Zuges, der alle paar Minuten an einem alten, langsam verfallenden Bahnsteig hielt. Es war Ende November, ein Tag im mürben Licht der Wintersonne, die das Land und die Dinge darin rötete und ihre Schatten groß und lächerlich machte wie Pläne. Ich könnte immer weiter nach Osten fahren, ohne daß Landschaft und Vegetation sich groß änderten. Bald gäbe ich es auf, aus dem Fenster zu sehen. Birken und Kiefern, Kiefern und Birken. Preußische, polnische und, zuletzt, russische. Dann Grasland und Sand. Die Bilder gleichen sich so lange, bis sie alle in der Großen Kasachensteppe verschwinden. Die Steppe ist unser Ozean. Im Satz des Alten vom Rhein steckt aller lateinische Abscheu vor der schier unfaßbaren, unbeherrschbaren Weite, aus der alle paar Jahrhunderte Reiter auf kleinen, zähen Pferden hervorpreschten, um den kleinteiligen eurasischen Rand im Sturm zu nehmen und ebenso unerwartet auf Jahrhunderte wieder darin zu verschwinden, spurlos. Eine Weite, in der alle Armeen ersoffen, die versuchten, sie zu erobern.

Was ich da durch das Zugfenster sah, war seine Steppe: gelbbraunes Gras, mannshohe Stauden, Buschwerk und Sand, hier und da Schafe und Wracks. Die dösenden Bahnhöfe. Riesige frei gelassene Felder. Früchte, die niemand mehr ernten würde. Auf ihren Stengeln ließen zehntausend schwarze Sonnen die Schrumpfköpfe hängen. Da schob sich wie der Hohn Gottes auf menschliches Streben eine rostige Treppe ins Bild, mitten in der Savanne stieg sie auf und brach einfach ab. Auf ihrer höchsten Stufe stand ein Mensch wie in den Himmel gehängt, zu Lande eskortiert von zwei ebenso reglosen Motorradfahrern links und rechts am Fuße der trostlosen Himmelsleiter. In dem Moment wußte ich, daß ich um Berlin herum gehen würde.

Die Stadtbahn entfernte sich diskret und ließ mich mit mir allein. Die ersten Schritte durch den stockdunklen Bahnhof ins Licht, in einen sonnigen, trägen Vorortsonntag. Taubnesseln und Löwenzahn. Ein betrunkener Maikäfer taumelte über den Vorplatz, und die Schrift an der Wand wollte alles auf einmal sagen: «Sieg Heil! Nazis raus! Wessis raus!» Das war gut, ich wollte ja raus. Ich zeigte nach rechts und stellte einer jungen Potsdamerin eine einfache Frage. «Geht es da raus nach Osten?» Sie ging vorbei und behauptete, es nicht zu wissen. Ich glaubte ihr nicht. Vorgestern hatte ich den Engel auf meinem Schreibtisch geköpft und ihm den linken Flügel gebrochen. Jetzt sprang vor meinen Augen die Ampel von Rot auf Schwarz. Kein grünes Licht für mich. Vielleicht sollte ich umkehren.

Über alle Gebrauchtwagenmärkte in der Allee nach Großbeeren waren Seile gespannt, an denen silbrigbunte Stanniolschnipsel glitzerten und raschelten wie Geisterscheuchen. Sie hatten nichts genützt. Vor einem Markt hatte ein weißer Golf aus Rostock einen blauen Opel aus Potsdam gerammt. Die Fahrer standen, Autoteile lagen herum. Kein Blut war geflossen. Die herbeigelaufenen Kinder wendeten sich ab und sprachen über den roten BMW hinterm Zaun des Automarktes.

«Der ist gut», sagte der Kleinste, «mit Spoiler.»

Ein Älterer winkte ab: «Zweitürer.»

«Aber tiefergelegt.»

Berlin ist ein schiefes Dreieck. Seine Grundlinie geht von Potsdam im Südwesten nach Erkner im Südosten. Von Erkner geht es in nordwestlicher Richtung zur Spitze des Dreiecks und südwestlich wieder hinunter nach Potsdam. Das war mein Weg, rund hundertachtzig Kilometer. Ich rechnete sechs Tage.

Die alte Allee war asphaltiert bis dicht heran an die Baumstämme. Zwei endlose Sonntagskonvois schoben sich aneinander vorbei und mich, der ich im Wege war, in den Graben. Jeder Alleebaum zwang mich wieder heraus. Die Fahrer sahen mich erst, wenn ich hinter der nächsten Eiche oder Linde auftauchte und wir uns Auge in Auge entgegenkamen. Nur wenige hielten hart auf das Verkehrshindernis zu. Die meisten wichen mir aus wie einem Schlagloch. Meinen ersten Tag auf der Straße kann ich in drei Sätzen beschreiben. Das Auto ist groß. Das Auto ist alles. Ich bin nur eine winzige Drehung des Lenkrads.

Manche Fahrer mußten heftig lachen, das waren die Jungen. Sie hatten so was Komisches noch nie im Leben gesehen. Einen, der außerhalb einer Ortschaft eine Straße entlanggeht, mit Rucksack. Sie schlugen sich auf die Schenkel und hupten und konnten sich gar nicht einkriegen. Wieder andere sahen mich aus der Tiefe ihrer Sitze heraus an, wie man fernsieht oder Urlaubsdias betrachtet. «Guck mal, Mausi, ein Storch.» Oder: «Guck mal, Schatzi, ein Mann.» Was sie nicht wußten: Die Dias waren sie, und ihr Sonntag war mein Projektor. Zehntausend Bilder in zehntausend Rähmchen aus nichtsplitterndem Sicherheitsglas. Geistesabwesende Männer, sonntagssatte Frauen in Serie. Matinee für einen einzigen Zuschauer.

Ganz anders die Radfahrer. Sie hatten die menschliche Larve abgelegt und nahmen überhaupt keine Notiz von mir, wenn sie halbblaut vorübersummten, fremd und schön wie Insekten. Ihre metallicfarbenen Leibchen erinnerten an die buntmetallischen Körper von Libellen, ihre strampelnden Beine an unablässig sich reibende Fliegenbeinchen, ihre Pilzhauben und UV-sicheren Knopfaugen an Großaufnahmen horniger Käfer. Hätte ich einen angesprochen, er hätte mich so wenig verstanden wie eine Fliege. Wäre ich tot umgefallen, er hätte mich dreimal umkreist, berüsselt, wäre weitergeflogen.

Güterfelde war ein altes, totes Dorf. Die Dorfkirche und der Kirchhof waren seine Verkehrsinsel, und statt einer Kneipe gab es einen Imbiß, den Truckstop. Der Gast konnte wählen zwischen kleinem und großem Truckermahl. Eine Bulette mit Bratkartoffeln oder zwei Buletten mit Bratkartoffeln. Genau gegenüber der alten Feldsteinkirche stand die Zentrale der LPG «Freier Bauer». Es war das Bühnenbild für die Auftritte von Don Camillo und Peppone in der Mark Brandenburg. Es mußte ein hitziger Kampf gewesen sein damals um die Seelen im Dorf. Jetzt standen die feindlichen Häuser verwittert da, grau, leer. Der Krieg ist aus, alle haben verloren. Im Vorgarten der LPG-Zentrale standen Brennesseln, an der Kirchentür letzte handschriftliche Hinweise des Pfarrers an seine Gemeinde. Die LPG «Freier Bauer» ist tot und Gott nach Diktat verreist.

Die Bilanz des ersten Tages, gezogen bei Sonnenuntergang in Großbeeren: Unverglast und unmaskiert sind mir begegnet ein Eichhorn, ein Reh, ein Reiter auf seinem Rappen. Unterwegs zu sein und in lustigen Wirtshäusern lauter interessante Leute zu treffen ist eine hübsche Idee aus dem vorigen Jahrhundert. Die Großbeerener Alternativen hatten den Vorteil, ganz einfach zu sein. Türkische Pizza oder zum Griechen, er war neu aus Berlin. Was den Schlaf anging, hatte ich Glück; das erste und einzige Hotel im Ort eröffnete heute. Ich stand an der Rezeption, die noch nach der Arbeit der Maler und Tischler roch, und brachte die Frage nach einem Zimmer nicht heraus. Die Stimme war weg. Ich hatte sie den ganzen Tag nicht gebraucht. Der Mann an der Rezeption wollte mir irgendwie helfen und schenkte mir eine Reisezahnbürste. «Man kann sie auseinandernehmen. So. Und wieder zusammenstecken. So.» Er erklärte mir, wo ich meinen Wagen abstellen könne. «Ich bin zu Fuß da.» Er war so verwirrt und be-

schämt, als habe er einem blinden Gast den Fernseher ange-
stellt.

Nach Einbruch der Dunkelheit fand ich das Gasthaus, in das
die Großbeerener gehen. Am Tresen hockte ein schwerer
Bauer. Vielleicht war er kein Bauer, vielleicht gab es hier gar
keine Bauern mehr, aber ich nannte ihn so. Jeder seiner Finger
war viermal so dick wie die Zigarette dazwischen. «Völlig los-
gelöst von der Erde / schwebt das Raumschiff / völlig schwere-
los» aus dem Radio durch die Gaststube. Ich hockte auf meinem Hocker, der schwere Bauer hockte auf seinem Hocker,
und auf dem Hocker neben ihm hockte eine ondulierte Frau.
Gemeinsam schauten wir zu, wie die Wirtin einen Cocktail
anrührte. Der Frau war die Sache nicht geheuer.

«Was da wohl alles drin ist, möcht ich wissen.»

«Trink's, dann weißt du's.»

Ihr Freund bestellte noch'n Bier, noch'n Klopper. Der
Klopper wurde aus einer schmucklosen Schnapsflasche einge-
schenkt. «Für dich auch noch'n Klopper?» Die Frau nickte.
Auf den Socken des schweren Bauern kreuzten sich zwei Ten-
nisschläger. Hier hockte ich und konnte nicht anders und
mußte die zwei belauschen. Mir war egal, was sie von mir
dachten. Sie dachten sich nichts. Sie sahen mich gar nicht. Ich
wußte jetzt, daß ich unsichtbar war, und ließ alle Hemmun-
gen fahren, holte mein Heft heraus und schrieb mit. Der
schwere Bauer erklärte seiner Gefährtin die neue Zeit. «Du
hast dir die Beine gebrochen und liegst vor deinem Haus.
Dein Kopp ist aber schon drin – das ist schlecht. Dann ist es zu
Hause passiert. Kopp aber noch draußen – dann ist es ein Ar-
beitsunfall. Dann ist alles gut.» Er erzählte ihr von einem
Sechs-Milliarden-Ding. «Das größte Ding in ganz Deutschland. Ach, Mensch.» Er trank. «Das Bier schmeckt nicht.» Er
hatte recht.

Am nächsten Morgen nahm ich den geraden Weg von
Großbeeren nach Kleinbeeren durch eine herrliche alte Allee.

Alle Absurdität des vorigen Tages wehte der frische Morgenwind fort. Niemand begegnete mir, ich ging den ganzen Weg allein. Er war unbefestigt, und es brauchte wenig Phantasie, sich Fontanesche Szenen vorzustellen. Kleinbeeren war ein Dorf mitten in den Feldern, mit richtigen Höfen, hohen Mauern, Hofhunden und Schwalbennestern, aber etwas stimmte nicht. Auf der Dorfstraße ließ kein Mensch sich sehen, auf den Feldern auch nicht. Ein Bauer hielt auf seinem Hof Papageien in großer Zahl. Sie saßen stumm in den Zellen eines Maschendrahtkäfigs, der Bauer aber war fort, wie die anderen. Sicher war er in der Stadt. Nur die Mauer hatte ihre Gravitation mit Gewalt brechen können. Jetzt war sie selbst gebrochen, und Kleinbeeren war in das Magnetfeld geraten.

Ich durchquerte einen Wald voller Vogelstimmen und Sperrmüll und traf wieder auf die große Straße nach Osten. Gegen den Montagsverkehr anzugehen, war noch anstrengender als gestern gegen den sonntäglichen Ausflugskonvoi. Ich mied die Straße, sooft es ging, und erreichte gegen Mittag die Steppe bei Schönefeld. Der Übergang von ihr zur Stadt war übergangsloser nicht denkbar. Das freie Land dehnte sich bis an die äußerste Kante der Hochhäuser heran. Westberlin war eine dunstige Wand, die ohne Vorwarnung, ohne ersichtlichen Grund aus dem Grasland aufstieg. Wie ein strammes Korsett hatte die Mauer die Stadt hoch und höher geschnürt. Berlin von innen war eine ignorante Insel und wollte von der Steppe nichts wissen. Berlin von außen war ein jähes Ereignis in einem leeren Land.

Ich wollte südlich um den Flughafen Schönefeld herumgehen und nahm den Pfad am Sicherheitszaun entlang. Ein Mann, den ich dort traf, beschwerte sich über die neue Zeit, die er nicht mehr verstand: «Früher konntest du auf der Straße gehen, heute fahren sie dir den Arsch ab. Früher war hier Landwirtschaft, heute verscheuern sie ihr Land und kaufen ihr Brot im Center.» Die Maschine nach Toronto rollte auf uns zu, wendete und startete nach Osten. Der Lärm war stark, wir hatten Ostwind. «Ich hör' das nicht mehr», sagte der Mann, «ich hab' Schallschutzfenster.»

Es knisterte bei jedem Schritt, und wenn ich stillstand, raschelte es um mich her. Die gelben Stauden vom letzten Jahr standen brusthoch, und zwischen Schilf und Gras war ausgewildertes Korn, das niemand säte und niemand mehr einbrachte. Nicht weit davon wuchs eine riesige vergessene Kabelrolle langsam zu. Etwas lag da wie ein Mensch. Bunter langer Rock, Bluse, braunes Gesicht. Einen Moment lang fürchtete ich, eine tote Zigeunerin gefunden zu haben. Ich zog Luft ein, roch aber nichts und ging näher hinzu. Mein Fuß rührte an einen Haufen bunter Lumpen.

Ein scharfes Sicheln war in der Luft, es kam schnell näher, ich kannte es. In Coppolas Vietnam-Film schneidet es in die Musik der Doors, dazu geht auf breiter Front der Dschungel in Flammen auf, völlig geräuschlos. Das Sicheln war jetzt ganz nahe, der Helikopter flog auf Schußweite an mein Versteck heran. Hatte er mich entdeckt? Er drehte ab und landete bei seinesgleichen hinter dem Stacheldrahtzaun. Ich war auf dem Hochsitz eingedämmert. Zuvor war ich lange dem Sicherheitszaun gefolgt, über endlose LPG-Äcker, immer auf den Hochsitz zu, in dem ich Rast machen wollte: ein nach allen Seiten geschlossener Bretterverschlag am Südrand des Flughafens. Der Ostwind pfiff durch die Ritzen, und hinter dem Sicherheitszaun starteten und landeten Flugzeuge. Sie sahen ungelenk aus, blechern, verletzlich und schwankend auf ihren viel zu kleinen Laufrädchen. Mein Hochsitz stand mitten auf freiem Feld, dem Tower gegenüber, in Schußweite. Ich stellte mir die Versuchung des Jägers vor, der im Morgengrauen hier lauert. Er hatte einen Zettel für solche wie mich hinterlassen. «Sie sind zwar ungebeten, aber fühlen Sie sich trotzdem als Gast. Verlassen Sie die Stätte bitte so, wie Sie sie vorgefunden haben.»

Stunden später erschienen am Horizont vier gelbe Blockbuchstaben. Ein I, ein K, ein E, ein A. Es würde dort Wasser
geben, und ich war dreckig und durstig und nahm wieder den
kürzesten Weg über weites, diesmal sandiges, staubiges Feld
auf mein Ziel zu. Die Sonne brannte, und ein rotierender gel-
ber Dunst kam mir entgegen, eine Windhose voll Staub. Sie
kreiselte über dem Sand und sog sich voll. Eine Minute später
hatte ich den Staub im Mund, in den Augen, in der Nase, unterm Hemd, überall. Das Land, durch das ich jetzt ging, war
Bauland, Baggerland, Lasterland, und wenn es fertig wäre,
wäre es Legoland. Mitten in der Steppe des Bocciaspielers
wuchs ein Palast aus poliertem rosa Granit mit Bürofenstern
grün wie Sonnenbrillenglas. Nicht weit davon stand auf
freiem Feld ein riesiges Mahlwerk, das sich von den toten
Dörfern ringsum nährte, von Kiekebusch, Rotberg, Diepen-
see. Es fraß deren Trümmer, käute sie wieder und schied sie
aus als Schotter und Sand. «Guter Schotter», sagte ein Bauar-
beiter, «guter Sand.» Ich war dem Horizont mit den Blockbuchstaben jetzt sehr nahe und ging schnurstracks darauf
zu, übers Feld, die Böschung hinab, über die Autobahn, über
den Parkplatz. Die Verheißungen von Waltersdorf, die mir so
lange geleuchtet hatten, standen jetzt als Überschriften auf
den Flachdächern der verschiedenen Paradiesabteilungen.
Hintereinander gelesen, ergaben sie ein klassisches fünf-sie-
ben-fünf-silbiges Haiku.

TOYS TEP PI CHE SU
PER WASH MO BIL TE LE FO
NE WAS SER BET TEN

Jede dieser Abteilungen war ein schlichter, fensterloser Kubus,
in den die einen hineingingen und andere herauskamen. Wer
weiß, vielleicht hatte Frau Sophies Doktor seine Hand im
Spiel. Das Innerste der Waltersdorfer Welt aber war ein Platz
für allerlei moderne Darbietungen unter freiem Himmel.

Dort wurden eben drei funkelnagelneue schwarze Vorführwagen präsentiert, zu welchem Ereignis der Show Truck derselben großen deutschen Autofirma erschienen war. Er trug die Porträts der beiden Firmengründer und ein weiteres Haiku, das allerdings die klassische Silbenstrenge vermissen ließ.

MO BI LI TÄT
VIEL FALT
TO LE RANZ

Ich trat in die ersehnte Kühle des blauen Kubus, dessen vier Blockbuchstaben mir den Weg gezeigt hatten, ein und grüßte das im Spiegel der stillen, weißen Toilette unter Staub und Schmiere und Sonnenbrand auftauchende Gesicht. Die Haare standen mir zu Berge und faßten sich an wie Scheuerdraht, das Hemd klebte auf der Haut. Ich wusch beides, trank und aß in der Kundenkantine, döste eine Weile vor mich hin und tagträumte von einer Kundin, die einen braunen Teddybären mit weißer Halskrause auf dem Arm trug, als sei er ihr Kind. Es mußte sich um einen verständigen Bären handeln, denn sie zeigte ihm alles: das ist ein Smörebröd, das ein Schlafsofa, das ein Billy-Regal. Als ich den Kubus auf den vorgeschriebenen mäandernden Wegen verließ, was einige Zeit dauerte, denn der freundliche Mäander mühte sich sichtlich, mich durch alles, was es hier zu sehen gab, hindurchzuführen, da war die Frau mit dem Bären wieder da. Sie ging vor mir, ihr Gefährte, irgendwie bärenartig auch er, trottete ihr nach und legte den Bären mit der weißen Krause aufs Fließband. Als die Kassiererin ihn übers grüne Auge zog, leuchtete sein Preis auf. So ein Bär kostet gar nicht viel. Schließlich fand ich hinaus. Stundenlang durch alte Eichenalleen.

Wernsdorf hatte ein Zentrum ganz aus Wehmut und Holz. Fast alle Türen und Läden waren zu, und durch die vernagelten Brettergassen an der Main Street wehte der Wind Fetzen. Die Melancholie des Westens stand darin wie ein Duft, der

«Indian Summer» heißen müßte oder besser «After the Gold-rush», sonst stand hier niemand. Vor einem Jahr war ich durch genau solche Gassen eines genauso gottverlassenen Ortes der Neuen Welt gegangen. «Liquor Store» und «General Store» und letzte, langsame Männer in großkarierten Hemden, die Jim hießen und Joe. Hier hießen sie Peter und Paul. «Hacke-Peters Tattoo» sei noch in Betrieb, hieß es. Bloß heute nicht.

Ich nahm den Weg durch einen schönen Wald aus freiste-henden starken Kiefern und fettem Gras. Der Versuch, zur Straße zurückzukehren, brachte mich zu der Einsicht, daß ich eingezäunt war, hinter einem mehr als mannshohen Maschen-zaun mit einer Krone aus Stacheldraht. Ich ging zurück in den Wald, der sich irgendwann lichtete, lief über eine Heide, über tiefe Furchen im Sand, über Spuren von Panzerketten, vorbei an Panzersperren aus Beton. Drahtseile wuchsen aus dem Bo-den, ein Panzerparcours wand sich durchs Heidekraut. Vom Waldrand her beobachteten mich sechs Schießstände aus ver-engten Sehschlitzen. Ich hörte ein Geräusch, fuhr herum, aber die Eidechse war schneller in Deckung als ich. Sie hatte einen grünlich schimmernden Panzer.

Der Weg über den Truppenübungsplatz endete mit einer kleinen Wehrübung: Überwindung eines gut zwei Meter ho-hen Stacheldrahtzaunes mit vollem Marschgepäck. Ich kam auf die Allee zurück, legte Tempo zu, um vor Einbruch der Nacht den nächsten Ort zu erreichen, und sah das Schlußbild des Tages. Im Licht der untergehenden Sonne, das seitlich in die bereits dämmrige Allee fiel und von den Bäumen in Quergassen geteilt wurde, radelte eine Frau im Sommerkleid nach Erkner hinab. Ich fragte die erstbeste Person und kam in einem Bett in einer Bungalowsiedlung zu liegen. Ich war zwölf Stunden gegangen und wollte essen und schlafen, wei-ter nichts. Die Wirtsfamilie war Gott sei dank nicht gesprä-chig.

Ich dachte kaum noch, und als ich es merkte, dachte ich: «Gehen ist gut gegen Denken.» Ich dachte nur Dinge, die mit dem Gehen zu tun hatten und mit dem, was ich gerade sah. Ich dachte: «Die linke Achillesferse ist geschwollen, die muß gepolstert werden.» Oder: «Womit Pflaster abschneiden – dumm, daß ich mein Messer vergessen habe.» Oder: «Waldboden geht sich besser als Feld, Feldweg besser als Straße, Asphalt besser als Kopfstein. Kopfstein ist das schlimmste.» Gut, daß ich im Wald war und nicht unter Menschen, denn manchmal mußte ich laut lachen. Gerade war mir der Satz aufgegangen: «Ich denke sowieso mit dem Knie.» Ich hatte das immer für einen Witz von Beuys gehalten, aber es ist die Beschreibung eines Zustands, der beim Gehen entsteht. Ich dachte: «Wenn ich nur lange genug gehe, komme ich dahin, mit den Füßen zu denken.»

Auf dem Anger von Schöneiche stand ein Wohnmobil. Es war seitlich aufgeklappt wie die Augsburger Puppenkiste. Ein beleibter Mann saß mittendrin hinter einem drolligen Tischchen, unter dem ein Dackel döste, und malte mit einem weißen Kuli Zeichen und Zahlen auf. Der Mann trug ein knallrotes Hemd, eine schwarze Sonnenbrille und sein ebenfalls schwarzes Haar mönchisch kurz. Hinter ihm hing ein dreiflügliger Küchenhängeschrank; die Flügeltüren waren entweder weiß oder mit Holzmaserfolie beklebt. Das Triptychon stellte eine Transformation dar, denn auf der weißen Tür stand VORHER, auf der holzgemaserten NACHHER. Ich konnte dem Mann nicht helfen und er mir auch nicht, so ging ich weiter, aber Schöneiche blieb seltsam.

Das Dorfkulturzentrum kündigte eine Theateraufführung an, die «Jazz und Sex» hieß. Hinterher würde eine Psychedelic Band aufspielen, die sich «A. I. D.S.» nannte. Ich gebe zu, daß in Momenten wie diesem das Denken mit dem Kopf sich heftig bemerkbar machte, das vertraute kultur-selbst-ideologie-kritische Rumoren. Aber wenn ich Gefahr lief, solchen Versuchungen am Wege zu erliegen, überraschte mich gleich an der nächsten Ecke die bedenkenlose Schönheit der Welt, verdrehte mir wieder den Kopf und tat so, als wüßte sie rein gar nichts von «Sexjazz» und «AIDS» und holzgemaserten Hängeschränken.

Ich ließ Schöneiche, das sehr pittoresk unter alten Bäumen liegt, hinter mir. Nur wenige Schritte in die Eichenallee hinein, in die Felder, und ich war in der Kindheit. Sie war saatgrün und himmelblau, und ihr Horizont war ganz Waldrand, buchengrüner, kiefernroter, mit Kirchturmspitzenakzent. Die Luft stand voller Lerchen, ein leichter Wind ging, und sehr fern brummte ein Flugzeug, des Fernwehs wegen. Im nächsten Dorf traf ich drei Kinder.

«Wohin geht die Straße, die da vorn abbiegt?»

«Das wissen wir selbst nicht.»

Ich hätte es auch nicht verraten.

Am Berlin-Äquator, an der alten Reichsstraße eins, stand ein Elefant und ließ sein rechtes Vorderbein frei schwingen. Er schien sich ganz zu vergessen dabei. Er ging im Kreis herum, bevor er sich wieder zeitlupenhaft um sich selbst drehte. Dann beugte er sich weit über seinen stählernen Laufstall hinaus und umfing mit dem Rüssel eine Akazie. Es war nicht der Versuch, Bäume auszureißen, es war ein zartes Umhalsen. Jetzt machte der Elefant eine Übung. Bevor er sich das Gras, das er aufgehoben hatte, ins Maul schob, streckte er den Rüssel eine Weile waagerecht vor. Vielleicht hatte er sich früher sein Gras verdienen müssen, vielleicht auch nicht. Elefanten tun seltsame Dinge. Wenn sie auf ihren Wanderungen ein Elefantenskelett finden, unterbrechen sie ihren Marsch und tragen alle Knochen fort. Sie verteilen sie so, daß sie unauffindbar sind. Dann gehen sie weiter. Aber das tun sie in Afrika. Hier war nicht Afrika. Die Frau, die neben mir stand, sagte zu ihrem Mann: «Der ist übrig vom Staatszirkus der DDR.»

Aus dem Kliniktor vis-à-vis kam ein Mann gehumpelt. Ich folgte ihm, wir hatten denselben Weg. Sein Hinken ließ, je weiter er sich von der Klinik entfernte, stark nach. Eben noch hatte er in seinen Krücken gehangen wie ein nasser Sack. Jetzt setzte er sie kaum noch auf, eine schlenkerte schon frei. Er wurde immer schneller. Links zweigte ein Pfad durch die Wiesen ab. Er nahm ihn. Am Abzweig angekommen, sah ich ihn laufen. Seine Krücken trug er mit links.

Wieder ging ich vorbei an Eigenheimen, durch endlose Siedlungen, eine schloß an die andere an, und wieder durch eine Thälmannstraße. Es war sicher die zehnte. Es gab einen regelrechten Thälmannring um Berlin, dazu Gagarinringe, Gorkiringe, Mitschurinringe, Heimkehlchensteige und Friedensstraßen im Dutzend. Hatte eine Friedensstraße zweihundert Hausnummern, bellten zweihundert Hunde Spalier. Ihr Gebell folgte mir wie ein obszönes Echo. Selten hatte ich mich so aus der Welt gefühlt wie im totalen Frieden der Vorstädte, durch die ich seit Tagen ging. Plötzlich war mir das Lied der Bausparkasse im Ohr. Wir geben Ihrer Zukunft ein Zuhause, la-la-lá! Sang nicht der Osten in seiner Hymne, er sei auferstanden aus Ruinen und der Zukunft zugewandt? Ich wußte jetzt, wo ich war. Nicht auf dem Land, nicht in der Stadt. Ich war in der Zukunft, und sie war reine Gegenwart. Wie elektronische Meditationsmusik hatte sie keinen Anfang und kein Ende und vermehrte sich durch Wiederholung. Es gab eine lange Thälmannstraße von Ostberlin bis zum West Coast Drive. Dabei schienen alle diese Straßen überflüssig zu sein. Kein Mensch benutzte sie. Es mußte ein unterirdisches Tunnelsystem geben, durch das die Bewohner ungesehen in ihre Heimstätten gelangten. Mir blieb, die Zeichen zu lesen. Einer wohnte An der Schutzbepflanzung Nummer eins. Ein anderer hatte ein Messingschild an seinen Zaun geschraubt:

Identity Styling. Dekorative Akzentuierung der Persönlichkeit. Und die Müllers hatten ans Tor geschrieben: Hier wohnen, lieben, lachen die Müllers.

Die Dreitagerasur des Rasens. Die Doppelspur zur Garage. Die schmiedeeisernen Hausnummern, die Jägerzäune, und plötzlich hinter der Hecke ein Mensch. Das erste Erschrecken, Sich-Erkennen. Du Freitag, ich Robinson. Diese Sprich-mich-nicht-an-Onkel-Blicke huschender Kinder. Die Schildchen mit den Hundeporträts. «Hier wache ich.» – «Vorsicht, bissig.» – «Ich bin in drei Sekunden am Tor. Und du?»

Als ich heute früh in der Bahnhofskneipe von Erkner die Staumeldung aus meinem Berliner Stadtviertel im Radio hörte, konnte ich nicht glauben, daß das alles nur dreißig Kilometer entfernt sein sollte. Der Gedanke, ich könnte in die S-Bahn steigen und wäre in einer Stunde daheim, erschien mir kühn; die innerstädtischen Ziele auf den Vorortzügen verblüfften mich. Ich fand, es waren mehrere Flugstunden zum Kurfürstendamm.

Vor ihrem Bestattungsgeschäft jätete die Bestatterin ihre Blumenrabatte. «Ich will Ihnen was sagen», sagte sie, «gestorben wird überall.» Allerdings, setzte sie nach, wollten nicht viele hier draußen dabei einen Pfarrer haben.»Die Jungen wissen gar nicht mehr, was das ist.» Drinnen in den alten Vierteln sei das noch anders, aber hier nehme man lieber einen professionellen Grabredner. Das wachse sich langsam zur Branche aus.

«Ich habe seit Stunden keine Kirche gesehen, keine Kapelle, auch keinen Friedhof.»

«Konfessionelle Friedhöfe mit Kapellen und Kreuzen haben wir hier nicht. Wer auf so einen will, muß entweder rein in die Innenstadt oder raus auf die Dörfer.»

«Aber was ist mit der Musik?»

«Die bringt jeder selbst mit. Freddie Mercury wird gern gespielt am Grab.»

Ich war in Hellersdorf, im Berliner Osten. Der Übergang vom Land zur Stadt war hier ebenso kraß wie im Süden bei Schönefeld, auch ohne Mauer. Statt wieder übers Feld zu gehen, kürzte ich ab und lief durch die riesigen Vorstädte Hellersdorf und Marzahn, die eigentlich vollgültige große Städte sind. Städte freilich, die drinnen in Wilmersdorf und Schöneberg unbekannter waren und ferner lagen als Montevideo. Auch hier gab es den Blick vom Berge. Er steht im Brachland zwischen den beiden Plattenbauvierteln und ist laut Karte hunderteinhalb Meter hoch. Ich bestieg ihn. Der Rundblick war eine glatte Provokation. Platte, soweit das Auge reicht, dreihundertsechzig Grad nichts als Platte. Wer drinnen in Berlin auf ein hohes Gebäude steigt, sieht, so weit er nur blicken kann, eine flächige, steinerne Stadt. Erst draußen, an der Peripherie, umschließen die Hochbauten sie wie eben noch sichtbare Ränge ein ungeheures Stadion. Von hier aus war dieses unser Berlin die Peripherie, ein dünner Schemen am Horizont, und auch das nur bei guter Fernsicht.

Von nahem sind die heidnischen Vorstädte schön, sofern man bereit ist, eine Schönheit ohne Geheimnis zu akzeptieren. Sie haben keine dunklen Gassen, keine Straßen, in denen die Luft steht und die Spannung großer Ereignisse, keine Bettler, keine Touristen, keine Menschenaufläufe, keine Klassen, keine alten Familien, keine neue, schillernde Prominenz, keine historischen Stunden, keine Symbole, keine Paläste, keinen Glanz, keine Kunst, keine Kirche, keine Politik, nicht einmal ein Zentrum, so einfach und leicht zu merken und gleich sind sie. Sie sind viel grüner und gleicher, als ihre Verächter in den alten inneren Vierteln, die niemals hier waren, glauben. Das Leben auf einer Raumstation kann nicht gleicher sein. Und viel jünger und bunter sind sie, und sie werden immer schöner. Zweiundzwanziggeschosser in Himbeer, Zitrus, Mint. Tausend junge Mütter beim Shopping in der Shoppingallee. Am Froschbiotop fütterten Kinder die Frösche mit Chio-Chips. Draußen am Kanal, unter der giftgrünen Riesenröhre, durch die die Wärme nach Hellersdorf kommt, las eine junge Frau einen Liebesroman. Das Buch war zerlesen, aber sie war so schön, daß es weh tat.

Gern wäre ich tiefer in diese intakt arbeitende Welt junger Paare, neuer Autos und bunter Hochhäuser gedrungen, aber trotz längerer Suche fand sich keine Herberge bei den Heiden von Hellersdorf und auch nicht in Marzahn. Ich mußte aufs Land ausweichen, in die Dachstube einer fortgezogenen Tochter. Ich hatte mit einer Übernachtung im Freien gerechnet, aber die Leute nahmen mich auf, einen verdreckten Unbekannten zu Fuß immerhin, der nach Einbruch der Nacht klingelt. Sie waren sehr freundlich zu mir. Sie sahen, daß ich hungrig und durstig war, und gaben mir von ihrem Bier und ihrer selbstgebackenen Pizza ab, die dick war wie ein Streuselkuchen und mit Buletten belegt. Selten habe ich eine Pizza mit solchem Heißhunger gegessen. Ich aß das Blech leer. Daß der Berg, auf den ich gestiegen war, ein Trümmerberg war, hatte ich mir gedacht. Nun stellte sich heraus, daß die ganze Bergkette trümmerzeitlichen Ursprungs war und daß der Mann, dessen Bier ich trank, sie mit aufgeschüttet hatte. Er sprach davon wie von der heimlichen Beseitigung einer Leiche. Jeden Abend ab zehn, nach ihrer gewöhnlichen Arbeit, hatten die Männer in langen Kolonnen aus Lastern und Trekkern die alte, innere Stadt, die tagsüber gesprengt worden war, fortgeschafft und verscharrt, Viertel für Viertel, Nacht für Nacht, gegen gutes Geld.

Am nächsten Tag fand ich im Straßengraben hinter Lindenberg, wo die Linden blühten und die Gartenzwerge marxistische Bärte trugen, eine Bücherkiste. Sie war aus solidem Holz, aber die Bücher waren in einem fortgeschrittenen Stadium der Kompostierung. Nach ihren krummen Rücken zu urteilen, waren sie gelesen worden. Ich versuchte, eines aufzuheben, und sah, daß es schon angewachsen war. Ich riß es aus und wischte den fauligen Deckel ab. Lehrbuch Dialektischer und Historischer Materialismus. Die schönsten Märchen der Brüder Grimm. Mark Twain.

Warum die Felder überschwemmt waren, hatte mir mein Zimmerwirt erklärt. Seit die Industrie des Ostens wegen Untergang kein Grundwasser mehr abpumpte, war es um mehrere Meter gestiegen. Es trat aus dem Boden und bildete neue Teiche und Tümpel. Ich sah den Fortgang der Schöpfung, als ich über den Berliner Ring ging, von der Autobahnbrücke aus. In den neuen Gewässern siedelten Möwen, Wildenten, Frösche. In einem lebte jetzt ein Schwan.

Ich hatte in den vergangenen Tagen Fernsehfriedhöfe gesehen, Batterielager im Wald, Halden aus allem, was Menschen kaufen und wegwerfen können, aber die Allee der Kühlschränke, die jenseits der Autobahn begann, war einzigartig. Es war die Antwort der Zivilisation auf Beuys. Statt siebentausend Basaltstelen aufzustellen und neben sie ebenso viele Eichen zu pflanzen, hatte man hier an jeden erwachsenen Baum einen Kühlschrank gestellt. Sie standen Spalier den ganzen Weg bis nach Buch hinein. Dort hatten Naturschützer ein Schild aufgestellt: «Reißt euch zusammen. Hier draußen ist die wirkliche Welt.»

Buch ist die Stadt der Kranken, es besteht aus Kliniken und entsprechendem Zubehör. Ich hatte es kaum betreten, da hinkte ich schon. Auf einmal taten beide Achillesfersen dermaßen weh, daß es kaum auszuhalten war. Bei der ersten Klinik hatte ich an die gepolsterten Pflaster gedacht, die sie dort sicher hatten, war aber schon am Eingang vorbei, und Umkehr, und seien es nur hundert Meter, kam nicht in Frage. Unheimlich geräuschlos näherten sich Rollstühle von hinten und waren plötzlich da. Die Kranken fuhren in Krankenwagen herum und standen in Pyjamas an Bierbuden. Der Krankenbesuch schenkte ihnen lieblose Blumensträuße und schlechte Pralinen. Ich ging seit fünf Stunden, aber es gab keine Pause in der Krankenstadt. Sie würde mich krank machen.

Weicher Waldboden, es war überstanden. Waldmeister und Buntspechte. Es tat noch weh, aber ich hinkte nicht mehr. Es war viel wärmer geworden, als ich erwartet hatte, fast schon sommerlich heiß. Ich hatte die falschen Schuhe an, viel zu feste Bergschuhe, aber um sie zu wechseln, hätte ich abbrechen müssen, und dafür war ich zu weit gegangen. Ich war kurz vor dem Scheitel des Dreiecks. Heute abend würden zwei Drittel meines Weges um Berlin hinter mir liegen, und noch etwas mehr.

Etliche Anwohner der Dorfstraße von Schönerlinde hatten die schönen alten Türen ihrer Häuser zugemauert oder vernagelt und den Eingang nach hinten gelegt, weg vom Verkehr. Im Bushäuschen Warnlyrik:

«Wenn im Verkehr voll Übermut
Sich Kinder falsch verhalten,
Ermahne jeden Tunichtgut,
Um Unglück auszuschalten.»

Rast in der «Dorf-Linde». Bratkartoffeln, Rod Stewart und Messinglämpchen. Ein Mann und eine Frau waren, außer mir, die einzigen Gäste, nicht gerechnet Rod Stewart: «Forever young». Der Mann war nicht mehr jung. Die Falten, das welke Haar. Sie saß mit dem Rücken zu mir, aber ich sah sie im Spiegel seines Gesichts. Sie war nicht seine Frau, sie waren heimlich hier. Es war seine Art, witzig zu sein. Er riskierte etwas dabei. Er spielte ihr jemanden vor, einen abwesenden Dicken. Dazu blies er die Backen auf und hielt die hohlen Hände vor beide Augen, als habe er Äpfel darin: solche Glubschaugen. Sie lachte, und er wurde jünger dabei, berührte ihr Gesicht und sah an ihr herunter wie an etwas Entbehrtem. Sie rauchten hastig wie zwei, denen die Zeit wegläuft, zahlten und gingen.

Der «wandering gag» meiner Wanderung war die nie beantwortete Frage nach dem Weg. In den vier Tagen, die ich jetzt unterwegs war, hatte ich nicht eine brauchbare Wegweisung zu hören bekommen. Es war wie ein Marsch durch menschenleeres Gebiet, ich war ganz auf meine Karte angewiesen. Allerdings gab es Schilder. Die drei Arbeiter, die auf der Autobahnbrücke lungerten, auf die unter ihnen rasenden Autos starrten und warteten, daß sie und ihre Äxte abgeholt würden, sprach ich nicht an. Ich ging über die Brücke und war wieder im Berliner Ring, lief ein oder zwei Stunden durch einsames Grasland und gelangte vor eine Schreberkolonie am Fuße eines riesigen, aktiven Müllberges. Vor einer Hütte saß ein älteres Paar.

«Geht es da nach Mönchmühle?»

Die Frau wendete sich zu ihrem Mann:

«Vater, nach Mönchmühle!?»

Ihr Mann parierte mit der Gegenfrage, die ich bei solcher Gelegenheit schon oft gehört hatte:

«Wo kommt er denn her?»

In Mönchmühle standen zwei Männer und ein Fahrrad. Einer war barfuß, halbnackt und schwankte. Der andere schwankte auch und hielt sich am Rad fest, das ebenfalls schwankte. Das labile Mobile war in steter Gefahr, lang hinzuschlagen, was es aber immer in letzter Sekunde doch nicht tat.

«Geht es da nach Schildow?»

Großes Köpfewackeln.

«Nach Schildow. Oh, oh!»

Ich ging um die nächste Kurve und stand am Ortsschild von Schildow. Der Rest des Tages war gehen, gehen, gehen. Endlose Friedensstraßen, mißtrauische Blicke, Hundegebell. Durch einen Wald. Über noch eine Autobahn. Durch noch einen Wald. Irgendwann war auch dieser zu Ende, und der Tag zeigte mir sein Schlußbild. Roter Fluß, rotes Schilf, rote Möwen. Rot stand der Sonnenball auf dem schwarzen Scherenschnitt aus großer Industrie, bildfüllend mit Schloten und Zackenrand. Eine rote Wolke stieg auf, die Sonne sank schnell. Das Bild hieß Stahlwerk Hennigsdorf.

Sans Souci

Der erste graue Tag. Das Bild von gestern abend war heute schwarzweiß; das Stahlwerk stand still, und der Bahnhof war eine Ruine. Entwerter und Kabel herausgerissen, die Wartehäuser zerschlagen. Eine Lokomotive raste durch, als fürchtete sie, beschossen zu werden. Lange durch Wälder. Dann wieder Thälmann. Stunden mit Hunden. Falkenhagen ist ein riesiges Labyrinth aus ganz und gar leeren Siedlungsstraßen. Tückisch: eine sieht aus wie die andere. Jetzt ja nicht im Kreis gehen. Die Gewißheit, einen Umweg gegangen zu sein, würde mich demoralisieren. Der erste Mensch, den ich traf, war ein Mann im Rollstuhl. Er half mir heraus. Das Leben hatte ihm ein Eigenheim gelassen, einen Schneidezahn, ein Bein und eine Flasche Herrenparfum, von der er ausgiebig Gebrauch machte.

Es war mein letzter Tag. Ich wußte jetzt: Ich schaffe es in fünf Tagen, den sechsten brauche ich nicht. Hinter Falkensee zählte ich sieben Kreuze in der Allee. Ich hätte gern abgekürzt, wegen meiner blutigen Füße und wegen des harten Verkehrs, aber ein Bauer in Dallgow riet dringend ab, den Weg über den russischen Truppenübungsplatz zu nehmen. Ein Fremder fände dort keinen Weg, und im Sand lägen bestimmt noch Minen. Der Kirchhof von Dallgow bot eine Bank in der Sonne, unter alten Bäumen und Efeu. Der Kirchhof von Seeburg verzeichnete auf einer Wand voll schwarzer Täfelchen die Namen derer, die an einem einzigen Tag gestorben waren. Es waren sehr viele. Am 26. April 1945 mußte hier eine wüste Schlacht getobt haben.

Die Dorffriedhöfe waren meine liebsten Rastplätze. Hier konnte ich meine Füße versorgen und unbehelligt von mißtrauischen Blicken eine Weile in der Sonne liegen. Potsdam kündigte sich an. Links und rechts der Straße verfielen Russenkasernen. Dort: ein großer roter Stern, kulissenhaft, kindlich. Bildtafeln: Soldaten wie holzgeschnitzt. Eine Tribüne aus Beton: bröckelnd. Hackenknallen, Hurrarufe, verwehte Paraden. Dawai, dawai. Gehen, gehen. Nur kein Schritt, kein Gedanke zuviel. Ein Alter, auf dessen Gartenmauer ich Anstalten machte, mich zu setzen, um den Rest Wasser zu trinken, pfiff seinen wütenden Hund erst zurück, als ich ihn anbrüllte.

Nicht mehr an Wege halten. Den letzten Hang hoch, durchs Gebüsch, durch einen Hof. Die Bewohner bauten sich auf, taten aber nichts. Es dämmerte, und der Park von Sanssouci war beinahe menschenleer. Ich war da. Ich bin einmal herum, zu Fuß. Jetzt war ich soweit, mit den Füßen zu denken. Die fixe Idee, auf diesen Füßen heute abend in die große Allee von Sanssouci einzubiegen. Meine Füße sind immer dicker, ich bin immer schneller geworden. Ich könnte keinen Kilometer mehr gehen. Ich bin vollkommen fertig und vollkommen glücklich. Auf einer Bank vorm Schloß liest eine Frau ein Buch. Ein Orientale photographiert immer nur seine verschleierte Begleiterin. Anhand der Photos wird er daheim niemandem erklären können, wo er war und mit wem. Sie gehen. Nach einer Weile geht die Leserin auch. Die Schloßterrasse ist leer, der Park ist leer. Ich bin allein. Eine Minute lang bin ich der einzige Mensch in Sanssouci.

3 | Amerika!

Als ich zum erstenmal nach Luckenwalde kam, hatte ich das Gefühl, der kleinen Stadt schon einmal begegnet zu sein, vielleicht in der ‹Feuerzangenbowle›. Katzenkopfpflaster und dezent blühende Straßen und hinter Linden Fabrikantenvillen, nicht zu protzig, nicht zu viele. Und ein altes Gymnasium, das erst Friedrich hieß, nach dem preußischen König, dann Hauptmann, nach dem schlesischen Dichter, dann Lenin, nach dem mißratenen Sohn der Tochter eines deutschen Gutsbesitzers aus Kasan an der Wolga. Jetzt ist die Schule namenlos. Man kann oder mag sich in Luckenwalde nicht mehr auf Vorbilder einigen.

Ich näherte mich der Stadt von Jüterbog her, das nicht verwandt mit dem Jitterbug ist, dem amerikanischen Jazztanz der zwanziger Jahre. Vielmehr wurde es 1764 preußische Garnisonsstadt und exakt hundert Jahre später Schießplatz der pferdebespannten Artillerie. Generationen waren hier mit dem täglichen Anblick von Uniformen, Waffen, Paraden groß geworden und mit den Geräuschen, die ihn begleiten, dem Wirbel der Trommeln, dem Rhythmus der Stiefel, dem Casinoton junger Leutnants und dem Getrappel der Pferde, die schwere Lafetten über das Pflaster zogen. Es regnete ununterbrochen, als ich an der Mauer aus groben Betonplatten entlangfuhr, die die Straße nach Luckenwalde kilometerweit eskortiert, mal links, mal rechts. Was die Sowjetarmee dahinter zurückgelassen hat, könnte einen Stalker veranlassen, dort die Zone zu suchen, den Ort, an dem sich Wünsche erfüllen. Eine kryptische Schrift an der Mauer warnt «ausdrücklich vor Gefahren, die aus Grundstücksteilen hervorgehen können».

Graugetünchte Blechtore, hinter denen hüfthoch das Gras aufschießt. Auf den Toren kleben rote Sterne, mürbe, dicke Formen, wie von einem Kind im Sandkasten gebacken. Blinde Kasernen irren umher und starren aus leeren Fensterhöhlen. Auf den Dächern Antennengras, geknickt wie die Große Kasachensteppe im Winter. Drollige Wachtürmchen, alle unbemannt. Als Hünengräber getarnte Hangars, hastig gebaut nach dem Sechstagekrieg, unter dem Schreck vor Nassers am Boden zerstörter Luftwaffe, leer jetzt, aufgebrochen, beraubt. Ein Geisterflugplatz tief im Gelände, alle MiGs heimgeflogen. Kiefern und Trümmer und Pfützen und der traurigste Bahnhof der westlichen Welt. Die Fenster preßspanvernagelt. Niemand da. Niemand, der den Perron jätete. Der Fahrplan sagt: «Halt auf Verlangen.» Der Name des Bahnhofs wie der ganzen riesigen militärischen Zone steht in Fraktur an der Wand und bezeugt, daß Kasernen, Schießplatz und Flugplatz älter sind als der jüngste Krieg und die letzten Herren hier: «Altes Lager».

In Luckenwalde traf ich eine Frau, die den ganzen Krieg über draußen in Altes Lager gelebt hatte. Eine Munitionsfabrik – sie sagte «die Muni» – habe es gegeben, den Schießplatz der Artillerie, die Panzer, den Flugplatz, die «Wilde Sau». So hieß das deutsche Jagdgeschwader, das dort stationiert war. Sie selbst war, wie andere junge Frauen, als Pflichtjahrmädchen einer Offiziersfamilie zugeteilt. Der Hausherr, sie sagte «mein Pflichtjahrvater», war Stabsfeldwebel bei der Luftwaffe in Jüterbog, und der «Pflichtjahrmutter» hatte sie geholfen, drei Kinder großzuziehen. Manchmal sei Altes Lager bombardiert worden, nur «die Muni» nicht. «Die brauchten sie hinterher selbst.» Ihre Erinnerungen an militärische Details waren präzise, ihre Schilderungen lebhaft. Ich sagte ihr das. «Das ist normal. Der Krieg war unser Leben.» Die verschiedenen Flugzeugtypen, Bomber und Jäger, Freund oder Feind, habe sie, ohne hochzuschauen, am Motorengeräusch erkannt. «Unsere Messerschmitt klang hell, ein bißchen wie später die russische MiG. Wenn die amerikanischen Bombergeschwader auf Potsdam und auf Berlin flogen, war das so ein dumpfes Dröhnen, das hörte man kilometerweit. Das Geräusch vergessen Sie nie.»

Der letzte Flug der Betty Lou

Blau wie der Frieden lag die Adria unter Joe Hamel im Morgenlicht. Der Sergeant aus Lowell, Massachusetts, war der Kleinste an Bord der Betty Lou, vielleicht hatte er darum den engen Logenplatz inne. Wie ein Höcker saß oben auf dem Rumpf der Flying Fortress die drehbare Kanzel aus Glas. Mit ihr drehten sich Joseph R. Hamel und sein Geschütz. Die Märzsonne brannte auf dem Gesicht und juckte unterm Stahlhelm. Die Deutschen in ihren Luftschutzkellern nannten das Fliegerwetter.

Der kleine Sergeant sah die alteuropäischen Städte daliegen mit ihren blaßroten Dächern und Türmchen. Rijeka, Laibach, Linz. Die Orte in Massachusetts waren flacher und fast ganz aus Holz. Nicht mehr lange, und er würde die Hildreth Street wiedersehen und vor dem Haus Nummer 430 seine Mutter in die Arme schließen. Ihr Joe würde als Sieger heimkehren. Der Sieg war so sicher wie das Amen in der Kirche von Lowell, Massachusetts. Denn die Deutschen dort unten waren am Ende. Der Russe setzte in diesen Tagen über die Oder, die eigenen Leute über Rhein und Main, und was einmal das Großdeutsche Reich war, spielte Nacht für Nacht toter Mann. Ein ganzes Land löschte seine Lichter und gab zu verstehen: Keiner daheim. Wenn dieser Sonnabend herum wäre, würde die Bilanz lauten: 8000 US-Bombereinsätze über Deutschland – 200 Abwehreinsätze deutscher Jäger. So stand es um die

Lufthoheit über dem Reich am 24. März 1945. Eine Woche vor Ostern, vier Wochen vor dem Selbstmord im Berliner Führerbunker, sechs Wochen vor der bedingungslosen Kapitulation.

Ein Spazierflug also. Die Stimmung an Bord der Betty Lou war aufgeräumt. Die Jungs von der verbündeten Royal Air Force und ihre Bräute daheim hatten nicht umsonst einen Schlager in die englische Hitparade gepfiffen: «What a day, what a fight. We're gonna hit our target tonight.» So ein Tag, so ein Kampf. Heut' nacht hau'n wir die Krauts in Klump. Witzig, einige an Bord hatten Kraut-Namen, Nachfahren von Einwanderern wohl. Sergeant Swartz aus North Dakota, der linke, und Sergeant Ludwig aus Iowa, der rechte Rumpfschütze. Dann Kopilot Stein aus Ohio. Die zehn Männer an Bord kannten sich nur flüchtig, und kaum einer von ihnen kletterte zwei Tage hintereinander in dieselbe Maschine. Eine Ersatzmannschaft, die flog, was gerade zu fliegen war; heute eben die Betty Lou. Groß aufgemalt, stand der Name auf dem Rumpf der Fliegenden Festung.

Hübscher Name: Betty Lou. Klang nach weißer Sonntagsbluse. Nach Picknick mit kichernden jungen Mädchen unter alten Hickorybäumen. Frauennamen waren üblich bei der US-Luftwaffe. Die «boys» pinselten sie auf ihre Bomber, und die Air Force übernahm die Kosenamen sogar offiziell in die Papiere. Amerikas Mütter und Mädchen waren so bei jedem Einsatz dabei, bei jedem Öffnen der Bombenschächte: ob Mary oder Jennifer oder, schon etwas ausgefallener, Enola Gay. So hieß die Mutter des Piloten, der, wenn hier schon alles vorüber wäre, seinen Bomber nach Japan fliegen würde, nach Hiroshima. Die Sowjetpiloten waren weniger sentimental. Sie nannten ihre Bomber «priwjet is rodiny» und «smertj gitlera». Gruß aus der Heimat und: Hitlers Tod.

Ein Mädchen namens Betty Lou existierte also wirklich, und man hätte gern gewußt, wer sie war. Aber ihren Sohn oder Verlobten, der diese Maschine nach ihr getauft hatte, kannte keiner an Bord. Vielleicht war er jetzt bei ihr, auf Heimaturlaub; möglich auch, daß Betty Lou um ihn weinte oder schon einen Neuen hatte, daß in irgendeinem «Missing Air Crew Report» hinter seinem Namen «MIA» stand oder «KIA»: «missed in action» oder «killed in action». Fliegergedanken beim Dösen über dem Böhmerwald. Zehn Männer fliegen eines fremden Mannes Liebesgeschichte nach Berlin. Sollte das nicht ein guter Talisman sein?

Leutnant Thomas J. Tubman hielt die Betty Lou im dichten Verband mit den anderen 27 Fortresses. Sie bildeten die Spitze von 150 Bombern. Tubman war früh am Morgen in Celone gestartet, tief in Italien: eine apulische Feld- und Wiesenpiste, wie es jetzt viele gab. Der große Flugplatz von Foggia war zu klein für die fünfzehnte Bomberflotte der US-Luftwaffe. Rund um die Uhr wollte sie gewartet sein, vollgetankt, mit zigtausend Bomben aller Art und Größe bepackt.

Und irgendwann, endlich!, hatte es auch für die Jungs von der Fünfzehnten geheißen: Es geht auf Berlin. Bisher war die Reichshauptstadt das Revier der Achten gewesen; deren 93.Bombergruppe, nach ihrem Kommandeur «Ted's Flying Circus» genannt, hatte beinahe täglich einen Auftritt am Berliner Himmel. Der Einsatz heute würde sie hindern, den Ruhm von Berlin ganz allein heimzuholen. Die von Celone operierende 463rd Bombardment Group war bisher in Südeuropa aktiv gewesen, und für einen tollkühnen Einsatz gegen die kriegswichtigen Ölraffinerien im rumänischen Ploieşti hatte sie eine sogenannte DUC bekommen. Einer «Distinguished Unit Citation» entsprach auf deutscher Seite die öffentliche Belobigung im Wehrmachtsbericht. Heute würde die Staffel der Betty Lou ihre zweite «DUC» holen: «Sie führte den gesamten Verband durch drei schwere Feindangriffe nach Berlin.» Und Mr. Hamel, der kleine Sergeant aus dem gläsernen Turm, würde fünfzig Jahre später sagen:

«Dieser Tag war außergewöhnlich schicksalsschwer, es war aber trotzdem eine rühmliche Operation.»

Das Flakfeuer kommt plötzlich, und die Einschläge sitzen präzise. Schon trudeln vier Fliegende Festungen. Drei von ihnen explodieren in der Luft, die vierte dreht, schwer angeschlagen, ab. Auch einen anderen Pulk hat es erwischt. Zwei weitere Maschinen kehren um. Es ist Mittag, gegen halb zwölf. Die Betty Lou und die anderen Bomber sind der Flak von Brüx wie Tontauben vor die Rohre geflogen. Sie wurden erwartet: Seit neun Uhr früh hatte die deutsche Funkortung die Angreifer im Visier. Richtung, genaue Flughöhe, Geschwindigkeit. Die nordböhmische Stadt war, eines deutschen Hydrierwerks wegen, zur Flakfestung ausgebaut: 48 Batterien mit 253 Geschützrohren, nicht gerechnet die mittlere Flak. Dazu eine Nebelkompanie und westlich von Brüx vier schwere Batterien Eisenbahnflak mit 24 Rohren. Alle wußten das, nur die Staffel der Betty Lou nicht: ein Fehler der Kameraden in Foggia. Noch eine halbe Stunde bis Berlin.

Das Berliner Schauspielhaus hatte sein Konzert auf den Nachmittag gelegt. Der amerikanische Besuch dürfte dann wieder fort sein. Gegeben wurden Schumann, die Dritte Sinfonie, Dvořák, das Cellokonzert, und «Tod und Verklärung» von Richard Strauss. Der OKW-Bericht vom Tage bestätigte wieder einmal, daß sich die Schlinge immer schneller zuzog. Das Reich war ein Land zwischen zwei Flüssen; die Oderfront kämpfte bereits um Küstrin, die niederrheinische um Wesel. Heute drang der Feind ins Zentrum von Ludwigshafen vor, schon bald würde er in Frankfurt stehen. Nur nach Süden hin war noch Luft. Dort verlief die Front bei Bihać und südlich von Bologna, und von dort her waren 150 Feindflugzeuge avisiert. Aber Berlin zuckte nur mit den Schultern. Was waren 150 Bomber für eine Stadt in Trümmern? Sechs Tage erst lag der letzte Auftritt von «Ted's Flying Circus» zurück. Mit 1221

Bombern, davon allein 305 Fortresses, hatte die achte US-Flotte einen der schwersten Angriffe des Krieges auf Berlin geflogen. In einer Stunde wurden 3092 Tonnen Bomben abgeworfen. Inzwischen griffen sie sogar am hellichten Tag an.

‹Angriff› – die Parteizeitung hieß so. Das Revolverblatt wurde wunderlich auf seine alten Tage. Die heutige Notausgabe brachte eine Bedienungsanleitung für die Panzerfaust und warf einen «Blick auf die Wunder der zweckmäßigen Natur»: «Sehr viele Tierarten bilden Schlafgesellschaften. Man hockt möglichst dicht zusammen, wobei die außen sitzenden Tiere immer wieder versuchen, in die bedeutend wärmere Mitte zu gelangen, so daß oft eine lange Zeit vergeht, bis eine solche Gesellschaft zur Ruhe kommt.» Laut vorzulesen zur allgemeinen Volksbildung im Luftschutzkeller. Der ‹Völkische Beobachter›, Kampfblatt der nationalsozialistischen Bewegung Großdeutschlands, zeigte die heutige Verdunklungszeit an – von neunzehn Uhr zwanzig bis fünf Uhr vierundzwanzig – und bat die Berliner in einem so gutmütigen, zutraulichen Ton, als handele es sich um Nachbarschaftshilfe beim Frühjahrsputz, um weitere Spaten, Schaufeln und Picken. «Vor allem an die Kleingärtner und Grundstücksinhaber ergeht daher die Bitte, von diesen Gegenständen jene abzugeben, die nicht unbedingt für notwendige Gartenarbeiten gebraucht werden.»

Auch Luckenwalde, knapp fünfzig Kilometer südlich der Hauptstadt gelegen, saß heute wieder im Keller und horchte, was am Himmel geschah. Da war nicht nur das dumpfe viermotorige Dröhnen der Bomberverbände. Heute waren auch Messerschmitts dabei. Das bedeutete Luftkampf, eine Seltenheit in diesen Tagen. Irgendwoher waren noch Jäger aufgestiegen zum ungleichen Kampf. Beim letzten Angriff auf Berlin, dem martialischsten des ganzen Krieges, hatte die deutsche Flugabwehr von 1221 Bombern nur 24 abschießen können. Das waren zwei Prozent – für die siegreiche Seite ein Kratzer.

Aber während größere Städte längst eingebrannte, zerschmolzene, nach Tod stinkende Wüstungen waren, hatte Luckenwalde kaum Schaden genommen. Zwar lag die kleine Stadt in der südlichen Einflugschneise der alliierten Bomberverbände auf Berlin. Doch wenn die Luckenwalder, sobald die Sirenen heulten, ihre Luftschutzkeller aufsuchten, dann eher aus Pflicht als aus Angst. Sie wußten, der Angriff galt nicht ihnen. Die Bewohner zogen den Kopf ein, wenn die himmelfüllenden Formationen über sie hinwegdonnerten; gefährlich für sie wurde es erst, wenn die Bomber zurückkamen. Denn wer seine Last überm Nollendorfplatz oder Anhalter Bahnhof nicht ganz hatte loswerden können, mußte, um es bis zur Basis jenseits der Front zu schaffen, beim Rückflug sein Gewicht mindern und ausklinken, was noch unterm Rumpf hing. Meist gingen solche Notabwürfe im weichen brandenburgischen Sand oder im menschenleeren Kiefernwald nieder.

Aber manchmal auch nicht. Zweimal, 1941 und 1944, hatte Luckenwalde sich so eine achtlos weggeworfene Bombe eingefangen. Die erste traf einige Häuser. Eine Familie flüchtete in den Keller und ließ ihren Säugling oben; nach der Detonation war die Familie tot, doch der Säugling lebte. Nach dem zweiten Notabwurf standen vierzehn Särge in der Aufbahrungshalle des Waldfriedhofs, mit Eichenlaub geschmückt und bedeckt von Hakenkreuzfahnen. Männer in Uniform salutierten, der Ortsgruppenleiter hielt eine Rede, jemand machte ein Photo. An der Wand der Kapelle war zu lesen: «Gemäßigte Trauer ist des Toten Recht, der übertriebene Gram des Lebenden Feind.» Das hatte nichts mit dem Krieg zu tun, das galt immer. Nicht nur Altes Lager lag dicht bei Luckenwalde. Nebenan bei Zossen leitete das Oberkommando der Wehrmacht aus seinen streng geheimen, aber von der Gegenseite längst aufgeklärten Bunkern Maybach I und II den Krieg, den es nicht beenden wollte und nicht gewinnen konnte. So ist die

Lage am 24. März 1945, kurz bevor es von den Kirchtürmen zwölf schlägt und die Mütter ihre Kinder zum Mittagstisch rufen.

In diesem Moment klinkt die Betty Lou ihre Bomben aus. Eigentlich sind sie für die Daimler-Benz-Panzermotoren-werke Berlin-Marienfelde bestimmt, aber das wird nichts mehr. Die Betty Lou brennt. Sie wirft ab, was sie schwer macht, und eine ihrer Bomben trudelt auf Luckenwalde zu. Noch hat sie die Wahl zwischen Stadt und Stadtpark. Sie kann sich nicht entscheiden. Sie nimmt Kurs auf die Parkstraße. Im Keller des Hauses Parkstraße 12 hört Ernst Lange es krachen. Als er sich heraustraut, sieht er geborstene Fensterscheiben und einen großen luftigen Trichter in den Wipfeln des Park-waldes. Der Marinesoldat auf Urlaub weiß Bescheid. Das Ding hatte einen hochempfindlichen Zünder, ist in der Luft explodiert, bei bloßer Berührung mit den Zweigen. Nur die alte Schule am Park hat Splitter abgekriegt. Toi, toi, toi, Luk-kenwalde.

In einem Keller am anderen Ende der Stadt zuckte unter derselben Detonation ein kleiner Junge zusammen. Er hockte bei der Mutter und seinen älteren Brüdern, hörte auf den Namen Rudi und war fast so alt wie der Krieg: fünf Jahre. Sein Vater war Berufssoldat, also fort, seit Rudi da war. Solda-ten, Soldaten. Die Dunkelkammer seiner frühen Erinnerung hing voller Uniformen. Während Vater fort war, bauten hier fremde Gefangene Straßen. Nach der Arbeit schnitzten sie kleine Panzer aus Holz, um sie bei den Kindern gegen Brot zu tauschen. Ihre Bewacher duldeten das. Auch Rudi tauschte.

Der Familie war ein kriegsgefangener Serbe zugeteilt. Hausarbeit für Essen. Als russische Soldaten Luckenwalde be-setzten, beschützte er Rudis Familie; er erhielt sogar eine Jagderlaubnis, versorgte sie mit Rehbraten. Immer allerdings konnte er nicht helfen. Als Rudi und seine Mutter eines Tages auf der Landstraße nach Schönefeld von Russen angehalten werden, fürchten die zwei das Schlimmste. Aber die Soldaten nehmen nur das Fahrrad.

Messerschmitts! Just in dem Augenblick, als der Verband der Betty Lou seinen Eindrehpunkt über Jüterbog passiert hatte und auf Berlin eingeschwenkt war, tauchten sie auf. Schwalben wurden sie von ihren deutschen Piloten genannt. Und wenn es im verwaisten deutschen Luftraum überhaupt noch irgend etwas gab, vor dem die Angreifer Respekt hatten, dann diese neuen, schnellen, überlegen bewaffneten Schwalben. Ihre vier Bordkanonen, mit Preßluft geladen, machten ein eigenartiges Geräusch und rissen große Löcher. Regelrechte Panik löste bei den Bomberflotten der «Orkan» aus, eine im letzten Moment des Krieges eingeführte neue Pulverrakete, die aus geringster Distanz abgefeuert werden konnte. Abwehr war so gut wie unmöglich. Der Orkan war imstande, ganze Bomberverbände zu zersprengen. Bei früherem Einsatz hätte diese erste wirkungsvolle Luft-Luft-Rakete das Verlegen der alliierten Bombenteppiche erheblich behindern können.

Von jetzt an passiert alles mit der hellwachen Unbegreiflichkeit eines Verkehrsunfalls bei voller Fahrt. Um 11.58 Uhr greifen die sechzehn vom Stützpunkt Parchim in Mecklenburg aufgestiegenen Schwalben die 150 Bomber aus Italien an und deren Begleitjäger vom Typ Mustang. Der zweiundzwanzigjährige deutsche Leutnant Alfred Ambs aus Gladbeck durchbricht als erster den Schirm der Jäger. Auf 150 Meter rast er von unten an eine Fliegende Festung heran und feuert. Gleich darauf schießt er noch eine Festung ab und noch eine. Dann erwischt es ihn selbst. Phosphorgranaten schlagen in seine Kabine. Seine Sauerstoffmaske ist hin, sein Gesicht voller Splitter, seine Schwalbe brennt. Er reißt sie auf 6000 Meter hoch, damit sie Fahrt verliert. Bei 350 km / h wirft er die Haube ab, springt, läßt sich durchfallen, zieht die Reißleine erst bei 4000

Meter. Sein Fallschirm wirft ihn in einen Wald bei Witten-
berg. Seine rechte Kniescheibe wird von einem Ast zertrüm-
mert. Diverse Bänderrisse. Lazarett. Für den vom Himmel
gefallenen Leutnant ist der Krieg vorbei.

Ernst Wörner fliegt die «gelbe Sechs». Gelb ist die Farbe
der Staffel. In Lechfeld bei Augsburg hat man ihn noch schnell
umgeschult auf die neue Messerschmitt 262. Der Kölner hat
so ziemlich alle Auszeichnungen beisammen, die ein achtund-
zwanzigjähriger Flieger haben kann. Fliegerspange, EK I und
EK II, Deutsches Kreuz in Gold. In Rußland, schon hinter
dem Dnjepr, ist er abgeschossen worden und hat sich in aben-
teuerlichen Fußmärschen zu den deutschen Linien durchge-
schlagen. Oberleutnant Wörner greift die Betty Lou an. Getroffen bleibt sie hinter ihrem Verband zurück und macht
kehrt. Es ist der irre Versuch, bis Italien zu kommen oder jedenfalls bis hinter die Front. Flieger sind ein bißchen irre. Seit
den Zeiten des Roten Barons sind sie, was früher einmal die
Reiter waren oder die Marinesoldaten: die Elite ihrer Armee.
Wie keine zweite Waffengattung verkörpern sie den modernen Krieg: Alles ist ungeheuer beschleunigt – der Angriff, der
Sieg, der Tod. Der ganze wilde, tödliche Luftkampf hat nicht
länger als fünfzig Sekunden gedauert. Auch Wörner erhält
einen Treffer und muß abspringen. Er landet auf einer hohen
Fichte im Harz. Ein Förster zu Pferde findet den Bewußtlo-
sen und bringt ihn ins Lazarett Northeim.

Sergeant Hamel wird aus seinem gläsernen Geschützturm
heruntergerufen. June Herman ist schwer verwundet; der
zwanzigjährige New Yorker hat Splitter im Kopf. Hamel ver-
bindet seine Wunden. Es hilft wenig. Er braucht sofort einen
Arzt. Bis die Crew notlanden oder abspringen kann, ist es für
ihn zu spät. Seine Kameraden schnallen ihm einen Fallschirm
um und werfen den Schwerverwundeten aus dem vorderen
Ausstieg. Er hat Glück, aber nicht genug. Er wird gefunden

und in ein deutsches Krankenhaus gebracht, doch es ist zu spät. Er überlebt nicht.

Feuer. Einer der Innenmotoren brennt. Trotzdem quält sich die Betty Lou Minute um Minute, Meile um Meile südwärts. Erst nach 150 Kilometern, nach einer halben Stunde, als das Land unten bergiger, waldiger wird, kommt vom Piloten Tubman der Befehl, die Maschine zu verlassen. Es ist allerhöchste Zeit. Italien ist eine Illusion. Besorgt schauen die Männer auf die Benzintanks, die jeden Moment Feuer fangen und ihnen um die Ohren fliegen können. Die restlichen neun springen der Reihe nach. Der Pilot wird, wie es sich gehört, das Flugzeug als letzter verlassen. Joe Hamel ist der vorletzte. Er springt. Dann hört er es über sich krachen.

In diesem Augenblick kriegt Fräulein Herklotz einen großen Schreck. Ein Komet mit einem Schweif aus Feuer und Rauch rast auf sie zu. Sie steht in der Tür der elterlichen Sägemühle im einsamen erzgebirgischen Fichtenwald, unweit der böhmischen Grenze. Den ganzen Tag hat es wieder Alarm gegeben, aber selbst hat sie den Krieg noch nicht gesehen. Doch was die junge Frau jetzt auf sich zurasen sieht, ist der Krieg, und er hört auf den hübschen Namen Betty Lou. Ihre Schwester, sie arbeitet im Lazarett von Rehefeld und wird einige der Abgestürzten aus der Betty Lou versorgen, schreibt Tagebuch. An diesem Abend notiert sie: «Der brennende Drachen kam gerade auf unser Haus zu. Durch das Abbrechen einer Tragfläche änderte sich die Richtung, und er sauste beim Kreuzgalgenweg in den Wald. Ein Pilot lag tot daneben. Einige der Besatzung entkamen mit dem Fallschirm.» Der tote Pilot war Thomas J. Tubman. Er sprang als letzter. Zu spät. Die Feuerwehr kam und löschte die brennenden Trümmer; der fremde Pilot wurde auf dem Dorffriedhof von Hermsdorf begraben, einige der Abgesprungenen brachte man in die Lazarette der Umgebung. Tags darauf, die Absturzstelle war nicht mehr gesperrt, holten sich die Gebirgler, was ihnen herrenlos vom Himmel vor die Füße gefallen war und irgendwie brauchbar schien. Motorteile, Munition, Metall.

Die Sergeants James A. Swartz aus New Jersey und Gordon W. Brown aus New York trieb der Wind auf ein Mäuerchen bei Freiberg / Sachsen. Brown verletzte sich dabei und kam ins Krankenhaus; in Gefangenschaft gerieten beide. Joe Hamel war unverletzt irgendwo im Bergwald gelandet. Tagsüber hielt er sich versteckt, nachts lief er nach Kompaß und Karte, die jeder amerikanische Flieger für eben diesen Notfall auf einem Seidentuch bei sich trug. Bis Aussig schaffte er es, auf der böhmischen Seite, dort erwischte man ihn und steckte ihn ins Stadtgefängnis zu italienischen, französischen und britischen Soldaten. Als die Front immer näher rückte, wurden sie alle in Marsch gesetzt, in Richtung Karlsbad.

Fünfzig Jahre später klingelt in Jupiter, Florida, das Telefon. Ein Gespräch aus Deutschland. Joe Hamel läßt den Hörer sinken und ruft seine Familie herbei. «Stellt euch vor, sie wollen mich interviewen!» Hamel und seine acht überlebenden Kameraden aus der Betty Lou seien heil nach Hause gekommen. Die Deutschen hätten ihn anständig behandelt. «Sie konnten uns nicht füttern, sie hatten selbst nichts zu essen. Nur Schwarzbrot, eine traurige Zeit.» Das Seidentuch mit den Fluchtrouten habe er behalten dürfen. «Sie sahen es nicht gern, aber sie ließen es mir – als Souvenir.» Bei Karlsbad geriet die Wehrmacht mit ihren Gefangenen zwischen die russische und die amerikanische Front. «Da sagten sie uns: ‹Haut ab, wenn ihr wollt. War is over.›» Sein Gegner im Luftkampf, Ernst Wörner, starb 1992; seine Witwe bewahrt die Bilder und Orden ihres Mannes gewissenhaft auf. «Er kam als Major heim. Am Ende wurde er noch für das Ritterkreuz vorgeschlagen. Dazu kam es dann nicht mehr. Der Krieg war zu Ende, Gott sei Dank.»

Erna Herklotz hat seither immer wieder Kometenträume gehabt. Auch ihr Tagebuch hat sie noch. Und Rudi, der kleine Rudi aus dem Luckenwalder Luftschutzkeller? Auch er ist ein Träumer. Als er in den fünfziger Jahren in das Gymnasium am Stadtpark geht, stecken im Gemäuer noch die Splitter vom Notabwurf der Betty Lou. In Rudi hingegen stecken Erinnerungen an Bomben, Schüsse, Soldaten. Sein rebellischer Geist äußert sich in einer beschwörenden Rhetorik und spricht mit einer seltsam rhythmisierenden Stimme. Immer spricht er zu vielen, selbst wenn ihm nur einer zuhört. In der Schule mit der angebombten Fassade tritt er dem Ansinnen der Staatsjugend entgegen, alle Abiturienten möchten sich freiwillig zur Volksarmee melden. Kurz vor dem Mauerbau geht Rudi nach Westberlin, und kurz vor Ostern 1968 fragt ihn auf dem Kurfürstendamm ein Mann, ob er Rudi Dutschke sei. Er bejaht, und der Mann schießt ihn nieder. Bevor er das Bewußtsein verliert, ruft er: «Vater. Mutter. Soldaten!»

Faust eins. Faust zwei

«War is over!» Wenige Kilometer von dem Ort und wenige Stunden von dem Moment entfernt, an dem Joe Hamel und die anderen Kriegsgefangenen diesen Satz hörten, zerbrach ein Mann, dessen strenge, beinahe asketische Züge gut zü seiner kräftigen, beinahe athletischen Gestalt paßten, das Glas seiner Nickelbrille und schnitt sich damit die Pulsadern auf. Drei Tage davor, am 7. Mai, hatte er seinen Chauffeur angewiesen, ihn und zwei Vertraute von Reichenberg nach Westen zu fahren, zur Front, den vorrückenden Amerikanern entgegen. Der Dienstwagen hatte sich durch Reste deutscher Truppen und durch die Züge der Zivilisten gewühlt, die die Straße nach Eger verstopften, gewiß auch durch Kolonnen von

Kriegsgefangenen. Sicher hatten sich viele nach dem auffälligen Wagen umgedreht, hatte mancher den Mann auf dem Rücksitz erkannt. Und vielleicht hatten auch Joe Hamel und die anderen aus der Betty Lou Blicke, kurze Bemerkungen getauscht, als der schwere Wagen aus Reichenberg sie überholte.

In der Nacht auf den 8. Mai, bei Eger, hielten Uniformierte den Wagen des Mannes mit der Nickelbrille an. Als sie ihn abführten, begann er zu begreifen, daß seine Idee, den Amerikanern entgegenzufahren und einmal vernünftig mit denen zu reden und seine alten Verbindungen zur britischen Außenpolitik wieder zu aktivieren – vor dem Krieg, vor seiner Konversion zum Nationalsozialismus, vor seinem bewaffneten Untergrundkampf, vor seinem Aufstieg zum Führer des von Hitler annektierten Sudetengaus hatte er in London, im «Royal Institute of International Affairs», die Aufmerksamkeit Ihrer Lordschaften auf die politische Unterdrückung und die wirtschaftliche Not der Sudetendeutschen im jungen tschechoslowakischen Nationalstaat zu lenken gesucht, das alles in englischer Sprache, hatte Pangermanismus und Panslawismus als Wege in die Katastrophe bezeichnet und für ein vereintes Europa geworben – kurzum, er begriff, daß sein Plan, General Patton entgegenzugehen und ihn zu drängen, das Sudetenland zu besetzen vor den rasch vorrückenden Russen, am besten ganz Böhmen und Mähren zu besetzen und mit ihm, mit dem Reich einen Separatfrieden zu schließen, ein Bündnis gegen Stalin in letzter Minute – er begriff, daß sein Plan leerer Wahn und er selbst niemand mehr war, mit dem irgendwer sprach, geschweige denn verhandelte. Er sah sich verhaftet, als Kriegsverbrecher verdächtigt. Er hörte die Nachricht von der bedingungslosen Kapitulation des Flensburger Restreichs.

Doch, sie sprachen mit ihm. Sie stellten die Fragen, und er hatte zu antworten. Nach dem Verhör in der Villa in Pilsen, wohin sie ihn überstellt hatten, wurde er am späten Abend des 9. Mai in das provisorische Gefangenenlager der Stadt gebracht. Die scharfe Leibesvisitation ließ ihm keine andere Waffe: In der Dunkelheit der Nacht, der Nacht auf den 10. Mai, nahm er die Brille ab und brach aus dem runden Glas eine Scherbe heraus. Am frühen Morgen bestätigte der ins Badezimmer des Militärkrankenhauses gerufene tschechische Verbindungsoffizier den Amerikanern: Jawohl, der halbnackte Tote mit den verbundenen Handgelenken dort auf der Bahre sei Konrad Henlein, der Gauleiter des Sudetenlandes. Und weil er ein vorsichtiger Mann war, fügte er dem Protokoll hinzu: «Unter dem Vorbehalt, daß der Betreffende keinen Doppelgänger hat.»

Soviel Vorsicht war unbegründet. Einen Doppelgänger hatte Konrad Henlein nicht, es sei denn einen metaphysischen. Einen, der bei Konrads Geburt schon neunzehn, also fast so alt wie sein Vater war und Henlein so unähnlich wie nur möglich. Einen allerdings, der in diesen Maitagen in ganz ähnlichen Schwierigkeiten steckte, weil auf seinen technischen Genius dummerweise keine kriegführende Macht der Welt gern verzichten wollte. Wie teilnahmslos und von Fall zu Fall grantig auch immer – und ein Grantler blieb er zeitlebens –, er hatte jener Sache als Fachmann gedient, der Henlein sich als Politiker verschrieben hatte. Die zwei müssen sich über den Weg gelaufen sein, wenn der Ältere seine Eltern in Maffersdorf besuchte. Mit Sicherheit stand der fünfjährige Konrad am Wege, vielleicht sogar in der Hl. Dreifaltigkeitskirche, als am 17. Oktober 1903 Ferdinand Porsche seine Louise heiratete. Henleins und Porsches lebten in Sichtweite: vier Hausnummern auseinander. Zwei aus derselben kleinen Sudetenwelt, aus demselben Dorf, aus derselben Dorfstraße.

Der geniale Nachbarssohn verbrachte Henleins letzte Nacht ruhig in seinem Bett auf seinem Gut drüben in Österreich, in Zell am See. Erst zwei Tage nach dem Pilsener Scherbengericht erhielt er uniformierten Besuch. Man brachte den Gefangenen in ein ziemlich exklusives Lager: Schloß Kransberg bei Bad Nauheim in Hessen. Die Amerikaner nannten das Speziallager «dustbin», Mülltonne. Sie enthielt wertvolle Kriegsbeute. «Human gold dust» sozusagen: Albert Speer, Hjalmar Schacht, Wernher von Braun und Dr. Ing. Ferdinand Porsche aus Maffersdorf bei Reichenberg im Sudetenland, zuletzt Betriebsführer des Volkswagenwerks.

Maffersdorf liegt lang und unscheinbar an seiner breiten Dorfstraße. Wo die Hl. Dreifaltigkeitskirche ihre Zwiebelspitze in den Himmel sticht, mag sich, wer will, eine Dorfmitte denken. Auf der anderen Seite, neben dem Restaurant «Svoboda», ein altes Haus, eine seit langem nicht geölte Haustür, blätternde Farbe, ein dämmriger Flur, in dem Schränke beisammen standen wie alte Männer im Park. Schränke von vor dem Krieg, aus der deutschen Zeit. Gut möglich, daß in einen davon der kleine Konrad seine Spielsachen einräumen mußte. Die Aborttür öffnete sich vorsichtig, heraus kam ein alter Mann, in der hohlen Hand die heruntergerauchte Zigarette, ein Döschen für die Asche in der andern. Er schickte einen Blick die Treppe hoch und lächelte wie ein Junge, der heimlich raucht.

«Die Damen sehen es nicht gern, wissen Sie.»

«Die Damen?»

«Das Haus ist parzelliert, nicht wahr. Es ist, wie sagt man ... wo alte Leute wohnen.»

«Wissen Sie, wer hier früher gelebt hat?»

«Na ja. Er.»

«Er?»

«Es ist das Haus seiner Großmutter. Sie lag auf dem Friedhof, aber das Grab ist nicht mehr da. Nur das Haus.»

Ich verließ Henleins Haus, das jetzt das Altenheim von Vratislavice nad Nisou, vormals Maffersdorf an der Neiße, war, ging am «Svoboda» vorbei, dem Restaurant «Freiheit», in dessen Festsaal am nächsten Sonnabend die Gruppe «Death Mas-

sacre Session» spielen würde und eine Band aus Tauvald namens «Euthanasie», so stand es im Aushang. Ich mußte nicht
weit gehen, das zweite Haus, das ich suchte, lag vier Hausnummern weiter auf derselben Straßenseite; bescheiden, ein-
geschossig, seitlich die Einfahrt zum Hof, zur geräumigen
Werkstatt. Drei ölverschmierte Blaumänner standen darin, ein
paar aufgebockte Skodas und der gute alte vertrauenerwek-
kende Geruch von Motoröl, Rost und Benzin. Wer hier einen
Sonnenbrand im Gesicht hatte, der hatte nicht zu lange auf
der Solarbank gelegen, der hatte zu lange geschweißt. Nein,
Autos wurden in Karel Malys Garage nicht mehr gebaut.
Aber er lächelte und machte eine Geste wie ein stolzer, me-
lancholischer Zirkusdirektor im Gedenken an seinen besten,
leider verstorbenen Clown: O ja, hier war seine Welt. Hier
hat er gewirkt. Hier hat er getüftelt, geschweißt und geschraubt. Hier fing alles an.

Als der Klempnermeister und Vizebürgermeister von Maffersdorf, Anton Porsche, den sechzehnjährigen Ferdinand
endlich in die Werkstatt ließ, und das nicht, um wie bisher
seine Lehrlingspflichten peinlich zu erfüllen, sondern um dem
neumodischen elektrischen Firlefanz zu frönen, dem das wi-
derspenstige Kind, Gott sei es geklagt, oblag, war dies der Sieg
des Sohnes in einem mehrjährigen bitterbösen Krieg. Der Vater hatte ihm das Basteln und Tüfteln streng verboten, er hatte
getobt und gedroht, und einmal, als er auf den Dachboden
stieg und dort das heimliche Gewirr von Batterien und Dräh-
ten entdeckte, hatte er in einem Wutanfall alles niedergetram-
pelt. Es hatte nichts genützt. Ferdinand hatte immer wieder
von vorn begonnen, mit einer Energie, die einen freieren, genauer beobachtenden Geist hätte ahnen lassen, daß etwas Un-
ausweichliches darin lag, wie dieser Halbwüchsige seinen Weg
ging. Im Winter, wenn es früh dunkel war, erschreckte Ferdinand, dessen Sinn für Späße einen skurrilen Einschlag hatte, die anderen Kinder mit Batterien, die er in seinen Hosen-

taschen trug, Leitungen, die durchs Hosenbein liefen, und Lämpchen auf seinen Schlittschuhen betrieben. Es spukte auf dem zugefrorenen Teich. Geisterhafte Lichter huschten durch die Winternacht.

Jetzt trat Onkel Ignaz auf den Plan. Seine Teppichweberei war neben der Maffersdorfer Brauerei der größte Betrieb im Ort und der erste, der sich elektrischen Strom legen ließ. Von Ignaz Ginzkeys Fabrik her leuchtete, abgesehen vom nächtlichen Spuk auf dem Teich, erstmals das Licht der neuen Zeit nach Maffersdorf hinein. Ginzkey war ein erfolgreicher, geachteter, den neumodischen Dingen aufgeschlossener Mann. Er war der Fürsprecher, den ein begabter Junge in solcher Lage braucht. Er drängte den alten Porsche, seinen starrköpfigen Widerstand aufzugeben, sich der offensichtlich konstruktiven Begabung seines Sohnes zu fügen und Ferdinand herzugeben. Es war aber nicht nur Starrsinn, es war der natürliche Gang der Generationenfolge in einer Handwerksfamilie und nach dem tödlichen Unfall des älteren Bruders keine Frage: Ferdinand hatte die Pflicht und die Ehre, das väterliche Geschäft zu übernehmen. Anton Porsche willigte deshalb zunächst nur ein, seinen Ferdinand auf die Gewerbeschule in Reichenberg gehen zu lassen. Doch schließlich ließ er ihn ganz ziehen und zog sich den dritten, jüngeren Sohn als seinen Nachfolger heran.

Mit achtzehn Jahren ging der junge Porsche 1893 als Praktikant nach Wien, vorerst in eine Elektrofirma. Das Entwerfen, Bauen und Fahren von Automobilen war in jener Zeit ein ausgesprochener Avantgardismus. Die ersten Rennfahrer waren häufig leichtsinnige junge Aristokraten, die Finanziers waghalsige Spekulanten, die Konstrukteure Garagenexistenzen. Eine seltsam abendrote, zwielichtige Zeit: Markgraf Sandor Pallavicini, Erzherzog Franz Salvator, Siegfried Graf Wimpfen auf Kainsberg bei Granz, Baron Nathan Rothschild, die Fürsten Kinsky, Thurn und Taxis und Lubomirsky und so fort im Porschemobil und beim Prinz-Heinrich-Rennen. Der Versuchsfahrer bei Porsche in Wiener Neustadt, der junge Herr Broz, der bei seinem Bruder wohnt, zweimal in der Woche turnen geht und ein Faible fürs Fechten zeigt, wird zwei Kriege später einen neuen Namen annehmen, einen *nom de guerre*, und sich Marschall nennen: Marschall Tito. Und der erste Lenkballon überm Steffel, dem Wiener Stephansdom – in der Gondel Porsche, als Gentlemanmechaniker den eigenen Motor bedienend, wie die Presse vermerkt, und der greise Kaiser mit dem Fernglas an einem Fenster der Hofburg als Zuschauer der jüngsten Kapriole der neuen Zeit. Dazu ein Billet: Seine k.k. Apostolische Majestät haben die Nachricht über die Flüge des ersten Luftschiffes mit besonderem Interesse allergnädigst zur Kenntnis zu nehmen geruht und danken bestens für die erfreuliche Mitteilung. Und mittendrin der unscheinbare, zu seinen Leuten oftmals schroffe, trotzdem beliebte, sehr böhmisch wirkende Kirchgänger, der sich über ein Paar Maffersdorfer Würste und ein Pilsener Bier freuen und über Fehler so maßlos ärgern kann, daß er vor aller Augen seinen Hut zertrampelt, der unablässig zeichnende, rechnende, über Motoren und Achsen gebeugte, seine Prototypen gern selbst bei Rennen fahrende, häufig siegreiche junge Autodidakt vom äußersten Rande der Wiener Welt. Der Rest ist Technikgeschichte, niedergelegt in Porsches 1230 Patenten.

Zwei Jahre nach Ferdinands Abreise nach Wien, am 4. Juli 1895, war sein guter Geist Ignaz Ginzkey Trauzeuge bei der Hochzeit der Hedwig Dvoracek in Maffersdorf. In jener Zeit waren Mischehen unter den Völkern des alten Kaisers nicht eben die Regel, aber auch nicht ganz ungewöhnlich. Hedwig jedenfalls war die Tochter einer deutschen Mutter und eines tschechischen Vaters. Ein pikantes Detail, wenn man eine Generation weiter denkt. Der Mann nämlich, den Hedwig heiratete, war Konrad Henlein – der Ältere, der Vater. Ihr gemeinsamer Sohn Konrad, der spätere Führer der Sudetendeutschen und noch spätere nationalsozialistische Gauleiter, hatte also mütterlicherseits einen tschechischen Großvater, und das war noch nicht alles. Auch der andere Großvater, der Vater seines Vaters – ein musischer Mann, der als Maler in die Welt hinauszog und eine Zeitlang in Budapest lebte, um als Bemaler von Schmuckschatullen in seine Heimat zurückzukehren, wo er im Gesangsverein einen hübschen Bariton abgegeben haben soll –, auch er hatte es vorgezogen, eine inländische Ausländerin heimzuführen, eine Ungarin aus Budapest. Sie soll eine wirkliche Schönheit gewesen sein. Lag dem Enkel der schönen Ungarin und des Tschechen die ethnische Integrität am Ende darum so sehr am Herzen, weil er selbst ein so ganz und gar original k.u.k. Mischling war?

Porsche in Amerika

«Am 1. Oktober 1936, abends, verließen wir Stuttgart mit der Eisenbahn und fuhren zunächst nach Paris, wo wir am 2. Oktober, morgens, eintrafen. Herr Dr. Porsche besuchte die Kraftfahrzeugschau, ich sah mir die Stadt an. Die Schau war trostlos. In jenen Tagen befand sich der Franc, wie schon so oft, im Stürzen, und keiner wußte, wo er haltmachen wird. Niemand konnte Preise festsetzen. Wir hatten Schwierigkeiten mit dem Geldumwechseln. In nächster Nähe des Eiffelturms, also im Stadtinnern, sah ich einen Sitzstreik. Die Arbeiter hielten die Fabrik besetzt. Wenn man, wie ich, von Deutschland kommt, so glaubt man, ein Bild aus längst vergangenen und vergessenen Zeiten zu sehen. Für die Franzosen war es bittere Wirklichkeit.

Am nächsten Tage, um 11 Uhr, ging unser Norddeutscher-Lloyd-Sonderzug nach Cherbourg. Kurz vorher hatten wir noch ein kleines Erlebnis. Um 8 Uhr in der Früh klopft es aufgeregt an meine Zimmertür. Ich mache auf, und Herr Dr. Porsche kommt herein mit der Hiobsbotschaft: ‹Hotelstreik›. Er fügt hinzu, daß uns nur noch ein Kraftdroschkenlenker-streik und ein Eisenbahnerstreik fehlen, um das Schiff zu ver-säumen. Ich mache mich rasch fertig – leider viel zu langsam für Herrn Doktor – und kann dann den Streik richtig miter-leben. Die Aufzüge wurden von ausländischen Hotelange-stellten, die nicht in der Gewerkschaft waren, bedient. Sonst stand alles still. Mit vereinten Kräften und leerem Magen ka-men wir aus dem Hotel und zum Bahnhof St. Lazare. Die nächsten Stunden fuhren wir durch die schöne Normandie. In Cherbourg angekommen, mußten wir leider einige Stunden auf die ‹Bremen› warten, die uns nach New York mitnehmen sollte. Der Hafen ist schmutzig, und die Arbeiter sehen furcht-erregend aus. Unser Träger beispielsweise forderte, entgegen den Vorschriften, in unverschämter Form Trinkgeld. Wir at-meten auf als die «Bremen» endlich kam. An Bord hörte ich, wie deutsche und englisch sprechende Fahrgäste sich über die Zustände in Frankreich unterhielten, und mancher von diesen erfahrenen Weltenbummlern versicherte, daß er nur aus drin-genden Gründen den Weg über dieses Land gewählt hat.»

So begann der Bericht, den Ghislaine Kaes am 29. Januar 1937 in Stuttgart vor kleiner Runde über die Amerikareise sei-nes Onkels Ferdinand Porsche gab. Nach dieser Einleitung mag man eine ressentimentgeladene, eine «resentful journey» erwarten. Dem ist nicht so. So abschätzig und mitleidig er sich über die französische Krankheit äußert, so sachlich, verwun-dert und oft genug bewundernd berichtet Porsches Ecker-mann aus Amerika. Der junge Mann mit dem extravaganten Vornamen hatte als Volontär bei den Steyr-Autowerken be-gonnen und diente seinem Onkel seit 1930 als ständiger Be-gleiter, Stenograph, Privatsekretär, Reisemarschall und Neffe für alles. Als Porsche kurz darauf den Steyr-Vorstand und Steyr überhaupt verließ, nahm er seinen Neffen mit nach

Stuttgart, in sein eigenes Konstruktionsbüro in der Kronenstraße. In einem später, nach dem Tod seines Onkels verfaßten Lebensprotokoll erinnert sich Kaes an den Feuergeist in Porsches Garage – und an die ewige Geldnot:

«Die wenigen legen mächtig los. Sie arbeiten viel, und sie leisten etwas. Arbeitszeit: Montag bis Freitag von 07.00 bis 12.00 Uhr; von 14.00 bis 22.00 Uhr. Samstags von 07.00 bis 14.00 Uhr. Sonntags für einige von 09.00 bis 13.30 Uhr. Als Entgelt erhielt ich damals freie Unterkunft und Verpflegung. Geld manchmal auf Bitte am Ende des Monats DM 5,-. Es war schlecht, sehr schlecht. Wir lebten als Firma von der Hand in den Mund. Trotzdem entstanden schnell hintereinander die Typen ...» Und Kaes zählt die Entwicklungen auf, die innerhalb von ein, zwei Jahren aus Stuttgart kamen: für die Chemnitzer Wanderer-Werke, für Horch in Zwickau, für Zündapp in Nürnberg, für die Phänomen-Werke in Zittau. Nicht nur, daß sein Onkel kein Geld hatte – Zeit hatte er gleich gar nicht.

Franz Xaver Reimspieß war mit fünfzehn ins Daimler-Werk Wiener Neustadt, wo Porsche Technischer Direktor war, gekommen, als Laufbursche. Er wurde vom Fleck weg entdeckt und ins Konstruktionsbüro geholt, ein halbes Kind noch, aber eins, das perspektivisch denken konnte und schon bald auf die erstaunlichsten technischen Lösungen kam. Auch ihn holte Porsche nach Stuttgart, und Reimspieß enttäuschte ihn nicht. Hitlers Idee, nach dem Volksradio nun den Volkswagen zu bauen, war als Entwicklungsauftrag an die Stuttgarter Garage gegangen. Porsche hatte 1934 ein Exposé verfaßt, aber die ersten Volksmotoren aus der Kronenstraße versagten im Test.

«Jetzt drängt Reimspieß auf einen 4-Zylinder, 4-Takt, Gegenläufer. Reimspieß setzt sich bei Porsche durch. Innerhalb von 48 Stunden hat Reimspieß den Entwurf fertig. Der Motor, der dann eingebaut wurde, weil er entsprach, ist bis auf den heutigen Tag im Prinzip unverändert geblieben, beim

VW-Käfer ebenso wie bei den von ihm abgezweigten VW-Wagen. Für seine Tat erhielt Reimspieß seinerzeit eine Belohnung von DM 100,-.» Noch einmal hundert Mark Prämie gab es für einen anderen modernen Klassiker, einen ästhetischen: Reimspieß setzte ein V auf ein W und beide in einen Kreis. Bis heute dreht sich das günstig erworbene Firmenemblem auf Werkshallen und Radkappen.

Wie der andere Maffersdorfer war Ferdinand Porsche als Österreicher in die Welt gekommen und in ihren Krieg, und wie jener kam er als ungefragter Tscheche wieder heraus. Beide wurden in den dreißiger Jahren Deutsche, Porsche zuerst und mehr nebenbei. Für Henlein hingegen war es eine große Sache, die größte seines Lebens. Er erreichte die reichsdeutsche Staatsbürgerschaft wie ein Siegertreppchen. Er hatte mit dem ungeliebten Staat erfolgreich Fatum gespielt. Sein neuer Paß und die damit verbundene Gauleiterschaft samt goldenem Parteiabzeichen und dem Erwerb einer Villa aus Hitlers Sonderetat waren der Preis, den der andere ehemalige Österreicher für die Beute entrichten mußte, die Henlein ihm angetragen hatte. In Porsches Fall war es Hitler, der ihm den deutschen Paß antrug. Als Konstrukteur seines Deutschen Volkswagens könne er schlecht Ausländer bleiben. Der Neffe legte ihm das Schreiben vor, und der Onkel murrte Vollzug: «Da wer'n ma ja nix machen können. Tust mir das erledigen?» Wie ideologisch bedenkenlos und herzlich unpolitisch er war, wenn er einen Weg sah, seiner Erfindungswut mehr und besseren Raum zu schaffen, hatte schon eine Begebenheit im Jahr 1932 gezeigt. Eine sowjetische Delegation war in der Kronenstraße erschienen, und während Porsche sich über die Einladung in die Sowjetunion, die ihm die Herren überbracht hatten, mit einem Vertrauten beriet, mußte der Neffe die Russen hinhalten, indem er ihnen Stuttgart zeigte. Als er mit den Gästen wiederkam, hatte der Onkel sich entschieden. Porsche nahm an. «Er reist nach Moskau. Und von dort aus zeigt man ihm die Zentren der Industrie. Von dem Gesehenen ist er tief beeindruckt. Die Russen wollen ihn zum Reichskonstrukteur machen.»

Hier bringt der Neffe, dessen Notate immer ein wenig wie vom «Gehma, gehma!» des Onkels getrieben über Punkt und Komma hasten, die Jargons durcheinander: Hitler und Stalin. Der letztere wollte sein Angebot an den Deutschen sicher nicht mit dem Reichslametta seines Berliner Gegenspielers garnieren, es hätte sich gewiß ein sowjetischer Titel gefunden. Aber dazu kam es nicht. Porsche, der zu diesem Zeitpunkt 57 Jahre alt war, lehnte nach seiner russischen Reise die großzügige und verlockende Avance ab und erklärte es seinem Neffen so: «Ich konnte mich in einer Gießerei mit den Arbeitern nicht verständigen, doch ohne Verständigung kann ich nicht wirken. Und in meinem Alter erlerne ich die Sprache nicht mehr.» Ghislaine, obgleich er seinen Onkel doch kannte, wunderte sich: «Nicht politische Erwägungen, nicht Heimweh oder ähnliches hatten ihn abgehalten, das Angebot anzunehmen; nur die Sprache war es.»

Am 8. Oktober 1936 legte die «Bremen» in New York an, und das Schauen, Notieren, Staunen begann. Die reibungslose Schnelligkeit, mit der der Zoll den riesigen Dampfer abfertigte. Die Straßen, die eher Schluchten waren. In ihnen das Völkergemisch. Der Neffe berichtet alles getreulich, die technischen Details so gut wie die mentalen. «Nebenbei bemerkt, habe ich die Neger in den Staaten schätzengelernt. Sie sind meist einfältig, aber sicher oft bessere Menschen als die Weißen in den großen Städten. Die Neger bewegen sich ruhig und leben sehr ordentlich in ihren Stadtvierteln. Der weiße Amerikaner verachtet sie.»

Er registriert das gedämpfte Licht in den Speisesälen, in öffentlichen Räumen überhaupt, und macht sich seine Gedanken zur amerikanischen Psychologie der Masse. «Wie ich erfuhr, will man damit auf das Gemüt der Menschen einwirken. Sie bekommen auf diese Weise sozusagen eine Einspritzung, die, je nach Umstand, rührselig oder feierlich oder sonstwie wirken soll.» Onkel und Neffe bewundern die Expreßaufzüge in den Hotels. Sie schauen sich den Mann der Neuen Welt an und sein Betragen gegenüber der neuweltlichen Frau. «Im Aufzug fiel mir zum ersten Male auf, mit welcher Höflichkeit der Amerikaner die Frauen behandelt. Sobald eine ‹Mistress› oder ‹Miss› den Aufzug betritt, nehmen alle Herren den Hut ab und halten ihn in der Hand. Später sah ich noch ganz andere Dinge. Sooft eine Dame vom Tisch aufsteht, stehen auch alle Herren, die am Tisch sitzen, auf. Kommt die Dame an ihren Platz zurück, stehen wieder alle Herren, wie ein Mann, auf. Sie können sich vorstellen, wie es in einem Tanzsaal zugeht.»

In Detroit, im General-Motors-Gebäude, dem seinerzeit größten Bürobau der Welt, wäre es beinahe zu einem Eklat gekommen. Auf jeder Etage sitzt eine junge Dame, deren Aufgabe es ist, den Besuchern den Weg zu weisen. «Eines Tages kamen wir mit einem Herrn von General Motors, der sich in seinem eigenen Hause nicht zurechtfinden konnte, zu einer dieser Auskunfteien. Die junge Dame unterhielt sich gerade auf einer Seite des Pultes mit einem Herrn, während auf der anderen zwei Personen friedlich warteten. Wir schlossen uns den letzteren an. Unsere Gegenwart schien auf die junge Dame keinen großen Eindruck zu machen, denn sie schwätzte fröhlich weiter. Herr Dr. Porsche drängte mich, ich solle den General-Motors Menschen drängen. Ich tat es, und der gab mir zur Antwort, daß es bei ihnen Sitte sei, auf die Dame zu warten. Herrn Porsche fiel dies sichtlich schwer.»

Auch beim Besuch der Bendix Aviation Corporation in South Bend, zwei Zugstunden von Chicago, staunten die beiden nicht schlecht. Draußen eine trostlose Industriebrache voller Autowracks, wie im alten Europa, drinnen das ganze Gegenteil. «Die Arbeiterinnen sind durchwegs gut gepflegt.

Fast alle tragen Seidenstrümpfe und Bubikopf mit Dauerwellen. Viele haben sogar polierte Fingernägel. Wie der Arbeiter trägt auch die Arbeiterin keinen Kittel. Wie mir gesagt wurde, wird man in den Werkstätten nicht schmutzig.»

Die zwei bemerkten die vielen preiswerten Lichtspielhäuser und sahen sich deren größtes an, die New Yorker Music Hall. Sie inspizierten das Empire State Building, der Neffe mußte Zahlen notieren, Maße, Tonnen. Der vornehme Hangar Club gab einen Empfang für Porsche: transatlantische Reverenz für den berühmten Deutschen. Verwundert registrierten die Geehrten das brave Fahren der Amerikaner in Reih und Glied, die strenge Verkehrspolizei, die vielen Ampeln, die Regulierung des Verkehrs durch saftige Geldstrafen und die Kehrseite derselben Methode: die Bestechlichkeit der Polizisten. Sie fuhren hinaus nach Long Island, zum Vanderbilt Cup, wo die Leitung des Autorennens sich enttäuscht zeigte. Sie hatte gehofft, Porsche werde mit einigen seiner berühmten Wagen erscheinen. Sie besuchten Chicago, die Niagarafälle, Cincinnati und vor allem Detroit, die staunenerregende Fabrik des Henry Ford in River Rouge und sein Museumsdorf Greenfield Village, in dem der alte Autokönig seinen Patriotismus auslebte. Er hatte aus der kurzen Geschichte seines Landes Häuser von Dichtern und Politikern gesammelt – etwa das von Abraham Lincoln – und hierher verpflanzt und jeden Autoverkehr strikt verboten. «Gleich am Eingang kamen uns junge Damen hoch zu Roß entgegen. Es waren Kinder von verdienten Fordarbeitern, die der Alte zu seinen Schützlingen auserkoren hat. Sie werden, auf Kosten von Henry Ford, wie die Kinder der Reichen erzogen. Ihre Zukunft ist in jeder Weise gesichert. Sogar für die Aussteuer kommt der Beschützer auf. Gegenwärtig wird für diese jungen Leute ein eigenes Gymnasium im Museumsdorf gebaut.»

Porsche war zwar selbst ein brillanter Erfinder und Konstrukteur, die Alte Welt aber konnte der Neuen Welt noch nicht das Wasser reichen, wo es um die Produktionstechnik für große Stückzahlen ging. Deshalb sollte er in der Norddeutschen Tiefebene ein ebenso gewaltiges Werk aufbauen, wie es Ford vorgemacht hatte, und es sollte die deutsche Antwort ausstoßen: den Volkswagen. Doch Porsche sah mehr, als er erwartet hatte, er sah einen mehr als technischen Fortschritt, und sein Neffe hatte viel zu notieren. Sein Fazit war: «Der Arbeiter lebt drüben ganz hervorragend gut, vorausgesetzt, daß er nicht zu oft arbeitslos wird.»

Gleichwohl, so würde Ghislaine seine Stuttgarter Zuhörer beruhigen können, seien die Verhältnisse bei Ford in jeder Hinsicht eine auch für Amerika unerhörte Spitze. Er ging durch das Werk River Rouge und schrieb fleißig mit. 75 000 Arbeiter allein hier. 95 Prozent von ihnen fahren ein eigenes Auto, einen Ford selbstredend. Die Lehrlingsausbildung ist mustergültig. 125 Ärzte und Sanitäter stehen im Werk bereit. Verunglückt ein Arbeiter, wird ausnahmsweise seine Frau eingestellt. Sonst arbeiten nur Männer im Werk. Männer, die weder rauchen noch trinken dürfen und bei Zuwiderhandlung mit ihrer Entlassung rechnen müssen. «Den erwähnten 75 000 Arbeitern stehen nur 800 Büromenschen, wovon 200 Techniker sind, gegenüber. Ford ist stolz auf dieses Verhältnis. Ford ist der einzige Große in den USA, der in seinen Werken, ohne Unterschied, Neger und Weiße einstellt.» Allerdings würden die Schwarzen meist für schwere Arbeiten eingeteilt, in der Schmiede, der Gießerei.

Als die zwei in South Bend durch das Bendix-Werk gingen, bat der Chefkonstrukteur Porsches Neffen, er möge doch seine Notizen heimlich anfertigen, um die Arbeiter nicht zu beunruhigen. Und der sah, staunte und schrieb: «Auch bei Bendix sah ich wieder, mit welcher Ungezwungenheit und Höflichkeit höchste Vorgesetzte mit niedersten Arbeitern verkehren und umgekehrt. Ich stand daneben, wie in einer Fabrik der erste Direktor zu einem einfachen Stanzer ging, sich nach seinem Befinden erkundigte und ihn dann fragte, ob er morgen auch pünktlich beim Football sein wird. In einer anderen Fabrik klopfte der Wagenaufseher einem Vorstandsmitglied während eines kurzen Gesprächs vertraulich auf die Schulter. Ja, und wie benehmen sich die würdigen Leiter eines Großunternehmens am Mittagstisch? Sie würfeln und freuen sich wie die Kinder.»

Der Onkel aus der Alten Welt und sein Neffe wurden, indem man sie durch die großen Fabriken Nordamerikas führte, zugleich ein wenig mit der Zukunft der Arbeit und des modernen Lebens vertraut gemacht, mit der homogenisierten Welt egalitärer Angestellter, deren Heraufkommen das Regime daheim halb beförderte, halb verzögerte. Manchmal machte der altösterreichische Onkel in dieser Neuen Welt eine komische Figur: Hans Moser als Chaplin. Auch dies würde sein Neffe der Stuttgarter Runde nicht vorenthalten. Als es bei Bendix Zeit wurde, zu Mittag zu essen, wurden die zwei in einen Saal gebeten, in dem alle, vom Arbeiter bis zum Betriebsleiter, sich ohne Unterschied selbst bedienten. Einer nach dem anderen nahm sich ein Tablett und packte darauf, soviel er nur wollte. Ghislaine beobachtete seinen Onkel, wie er versuchte, es den Amerikanern gleichzutun und sein «pursuit of happiness» in der egalitären Schlange zu suchen. «Ich mußte herzlich lachen, als ich Herrn Dr. Porsche mit Tellern hantieren sah. Andere Länder, andere Sitten.»

Porsche war nicht nur gekommen, um das amerikanische Vorbild für die Pläne des Führers in Augenschein zu nehmen und um Maschinen zu kaufen. Man wußte in Berlin, daß zahlreiche deutsche Spezialisten in der US-Autoindustrie arbeiteten, teils drüben Geborene, teils Wirtschaftsflüchtlinge aus Weimar-Deutschland. Bei einer zweiten Amerikafahrt im Jahr 1937 warb Porsche eine Reihe von ihnen ab. Auf diese Reise fielen, obgleich sie im Zeichen des Anfangs, des Optimismus stand, erste Schatten der nahen Zukunft, die sich Porsche offenbar nicht anders denken konnte als die Fortsetzung seines Lebenswerks mit anderen, für seine Verhältnisse phantastischen Geldmitteln. Er fragte Henry Ford, den er wieder besuchte, wann er nach Deutschland käme, um das Werk zu sehen, das er und seine Leute dort aufbauten. Ford, der die deutschen Dinge mit einiger Sympathie verfolgte und 1938 einen deutschen Orden annahm, antwortete, das werde nicht möglich sein, denn schon bald gebe es Krieg. Einigermaßen fassungslos erklärte Porsche, das könne er sich nicht vorstellen. Man lebe in einer Ära wirtschaftlichen Fortschritts, und die vielen technischen Probleme, die dabei zu lösen seien, forderten Zeit, nicht Krieg. Zwei Jahre darauf würde man Porsche eine weitere Aufgabe übertragen: Vorsitzender der Panzerkommission. Und sein Volkskäfer würde Feldgrau tragen und vorderhand als Kübelwagen in Serie gehen. Und noch ein Jahr später, 1942, würde Porsche über einem neuen Lieblingsprojekt Hitlers sitzen. An die Stelle der Ikea-Idee vom kleinen, billigen, egalitären Volksauto trat nun ein neuer Auftrag: der größte Panzer der Welt, der stählerne Riese mit dem Decknamen Maus.

Im Herbst 1936 schien für einen Moment die Möglichkeit auf, die Rivalität zwischen Europa und Amerika um den weiteren Weg in die Moderne von den Pionieren austragen zu lassen, auf dem Felde von Erfindungsgeist, Technik, Arbeiterwohlfahrt, Massenproduktion: wie ein Autorennen, wie den Vanderbilt Cup, den Porsches Fahrer Bernd Rosemeyer im Jahr darauf auf Long Island gewann. Wir wissen, wie es ausging. Es siegte bekanntlich ein krasser Außenseiter, die Henlein-Variante der Weltgeschichte. Dabei hatte der Maffersdorfer Lebenswettlauf so ungleich begonnen. Hier der politisierende Turnlehrer im Hinterzimmer, dort der geniale Junge vom Dachboden. Er brauchte keine Welterklärungstheorien, keine Tribünen, keine uniformierten Massen. Er zog bloß einen kleinen Kreis verschworener Spezialisten um sich zusammen, etliche blieben zeitlebens bei ihm. Henlein beschloß, Politiker zu werden. Ferdinand Porsche mußte gar nichts beschließen. Er war sich dessen, was in ihm steckte, früh bewußt und mußte es nur gegen den störrischen Vater durchsetzen. Früh regelte er seine privaten und seelischen Dinge, und dabei blieb es. Heirat, Kinder, Kirchgang. Er wollte die Hände frei haben fürs Erfinden. Sich selbst erfinden mußte er nicht. Er setzte Dinge in die Welt, die sich bewegten: Rennwagen, Tourenwagen, Volkswagen, Kübelwagen, Mörser, Panzer, Lokomotiven, Flugzeugmotoren, Landmaschinen, Windkraftanlagen – es wollte kein Ende nehmen. Sein Fanatismus richtete sich nicht auf Menschen. Er war ein Fanatiker der Motoren, Achsen, Pleuelstangen, der Präzision, der ständigen Perfektionierung. Er war das grantelnde, mürrische, mit Lob und Worten überhaupt geizende Genie, dem alles nicht schnell genug gehen konnte. «Gehma, gehma!» – der gemurmelte, treibende Generalbaß des Alten.

Wie viele seiner Generation kam Konrad Henlein enttäuscht und radikalisiert aus dem Ersten Weltkrieg heim, fand sich in einem neuen, kleinen, fremden Staat wieder, als Teil einer ungeliebten Minderheit, und wurde halbherzig Bankbeamter. Er warf sich auf das Turnen, verstanden als Haltung, auf das Politisieren in kleinen Zirkeln. Er las ein wenig Spengler, sympathisierte ein wenig mit dem katholischen Ständestaat, ein wenig mit dem Kantonsmodell der Schweiz, sah, daß das alte, aufgeriebene Österreich seinen Leuten nicht helfen würde, trat aus der übernationalen katholischen Kirche aus und in die – so sah er es – deutschere evangelische Kirche ein. Und turnte viel. Als sein deutscher Turnverein zu politischer Größe anschwoll, transformierte er ihn in eine Partei. Er forderte die sudetendeutsche Autonomie innerhalb des tschechischen Staates und fuhr einen riesigen Wahlerfolg ein. Er war nun ein Faktor, mit dem man rechnen mußte, in Prag, London, Berlin. Er sah sich nach Verbündeten um, in Prag, London, Berlin. Er sah den Aufstieg des Deutschen Reiches und ließ seine Aversionen gegen Hitler fahren und alte Gefährten, die ihm nicht folgen konnten, fallen.

Und wenn sie sich später noch einmal begegnet wären: der Reichenberger Gauleiter, der die altösterreichischen Überzeugungen seiner Turnerjugend für den moderneren, mächtigeren Nationalsozialismus verriet, und des Dritten Reiches erster Konstrukteur, der ausgerechnet in Amerika, in der Industriestadt Detroit, mit dem letzten lebenden Mitarbeiter eines anderen technischen Pioniers, Thomas Alva Edison, als erstes, vor aller Fachsimpelei, selige Erinnerungen an die Welt von gestern und an ihren Kaiser Franz Josef austauschte – nein, wenn sie sich später noch einmal begegnet wären, Henlein und Porsche hätten einander nicht viel zu sagen gehabt.

Zwei aus derselben Dorfstraße, und zwei, wie sie gegensätzlicher nicht zu denken sind. Zwei Klassiker ihrer Zeit: der Führer und der Ingenieur. In ihnen betrachtet sich das Jahrhundert als Doppelporträt: *Zoon politikon* und *Homo faber*, ein fremdes, fatales Paar. Der Mann der Bewegung und der Mann beschleunigter Fortbewegung. Zwei Weltbeschleuniger, made in Maffersdorf: Immer höher stapelt der thesenschwere deutsche Kopf die Begriffe, bestrebt, sich einen Reim auf das Maffersdorfer Gleichnis zu machen. Die Frau, die mir auf dem Dorffriedhof das Porsche-Grab im stillen Winkel der halbhohen Friedhofsmauer gezeigt und mir den Weg zum Henlein-Haus gewiesen hatte, hatte es schöner, leichter gesagt: «Wer Henlein war, wissen wir. Er war Faschist. Und Porsche, na, der Porsche war Automobilist. Aber wer sind wir? Gestern lebten wir ganz nach Plan. Heute leben wir ganz ohne Plan, fast ohne Geld, ohne zu wissen, was morgen ist. Anarchisten sind wir, nicht wahr.»

4 | Tief im Westen

Karl Hans Rohn, Charly genannt, war ein Wuppertaler Metzgermeister. Er fuhr den ersten Porsche der Südstadt. Einige sagen, es sei ein grüner 911 gewesen, andere sagen: schwarz. Charly Rohns Leben war eine anfangs spiegelglatte, am Ende dann ziemlich matschige Eisbahn. Er nahm kräftig Anlauf, schoß los, kam in Fahrt, lief zur vollen Form auf, knallte gegen die Bande, schleuderte, stürzte, berappelte sich, legte wieder los, knallte wieder gegen die Wand, torkelte, zitterte, zitterte schon morgens beim Aufwachen. Wenn er versuchte, zielgerade durch den öffentlichen Raum zu kommen, den er seit dreißig Jahren bewohnte, bewegte er sich merkwürdig eckig. Denn im Tal – so nennen die Wuppertaler ihre lange, dünne Stadt – war Charly bekannt wie ein bunter Hund.

Niemand weiß genau, warum, aber jedem, der es hören wollte oder nicht, jeder seiner zahlreichen Freundinnen sagte er, er sei Halbjude, von der Mutter her, und die Nazizeit habe er mit ihr im Wald überlebt, in einem Versteck. Er muß das sehr überzeugend erzählt haben, bis heute glauben es viele. Manchmal geriet er in Rage, hielt Reden in den Lokalen und fing von den Nazischweinen an. Er kam immer ein wenig ins Stottern, wenn er sich aufregte. Dann hieß es: «Laß gut sein, Charly. Prost, Charly.»

Über zwanzig Jahre ging das so, bis Charly Rohn in einer trüben, verlorenen Novembernacht des Jahres 1992 an die Falschen geriet. Seitdem ist er tot, ermordet. Sein Sterben war wie sein Leben: öffentlich. Die Schlagzeilen und der Ton der Kommentare vibrierten. Siebenundvierzig Jahre nach Auschwitz ein Jude totgeschlagen, in einer deutschen Stadt, mitten in einer Serie geistesverwandter Mordbrennereien. Nach der ersten atemlosen Nachrichtenwelle war ein Kamerateam mit etwas mehr Zeit erschienen, um den Hintergrund auszuleuchten. Es wurde ein Film über Wuppertal, die deutsche Stadt, die einen Juden auf dem Gewissen hat. Oder doch wenigstens einen, der sich immer als Jude ausgegeben hatte. Ein Film über die Stadt, die so unschuldig tat. Die voller Plakate hing, welche Diavorträge über China, Trommler aus Ghana und, schon beinahe demonstrativ, einen Kinderchor aus Usti nad Labem avisierten, dem früheren Aussig. Die Stadt, in der türkische Kopftuchschülerinnen in der Schlössergasse die Düfte von Armani und Gucci probierten, deren Bürgerinnen und Bürger die bunten Tarnfarben der neuen Freizeit und ihre Autos mit Aufklebern wie «Ich bremse auch für Tiere» schmückten. Das Filmteam hatte sie scharf einvernommen. Es ist nicht schwer, die üblichen Verdächtigen verstört in spaltweit geöffneten Haustüren aufzustöbern und eine mulmige Stimmung ins Bild zu setzen. Man verabredet mit dem zuständigen Staatsanwalt ein Vorgespräch «off the records», läßt heimlich Kamera und Mikrophon mitlaufen und kriegt die Szene, wenn der ums Wort Geprellte es merkt, sich aufregt und abbricht. Oder man dreht auf dem Bahnhofsgelände, bis die Bahnpolizei kommt, und kriegt das Bild, wenn ein deutscher Polizist die Hand vor die Linse hält.

Der Jude in Charly Rohn

Zeiten der Lehrstücke sind schlechte Zeiten fürs Erzählen, das meist andere Lehren bereithält. Immer ging es um den Fall, ums Exempel, um Deutschland im Herbst, Teil zwei. Aber nach dem, den man erschlagen hatte, krähte kein Hahn, im Film so wenig wie in der Stadt. Darin glichen sich die große und die kleine Öffentlichkeit, Stammtisch und Schneidetisch, ganz und gar. Niemand stellte die nächstliegende, die einfache Frage: Wer war der Ermordete? Wer war Karl Hans Rohn? Wer war der Jude in Charly? «Charly?» Die Wirtin in Schlupps Gasthaus konzentriert sich auf die Kölschfüllungen unterm Hahn. «Wat wollen Se mit dem? Der is doch schon verfault.» Ein Gast sekundiert. «Den haben schon die Würmer.» – «Tote soll man ruhen lassen», schallt es vom anderen Ende des Tresens herüber. Und: «Armer Hund.» So viel Gefühl muß sein.

An jeder Theke der Südstadt stehen ein paar, die mißtrauisch aufschauen, wenn der Name Charly Rohn fällt, aber die meisten sind bloß verwundert: Daß hinter dem immer noch einer her ist! Rohn hätte kaum anders reagiert. Hier war seine Welt. Hier hatte er, solange er reich war, seine berühmten Lokalrunden geschmissen. Hier hatte er, als ihm das Geld ausging, Lokalverbot. Da waren Auto und Führerschein längst weg und zwei Ehefrauen und eine Firma ebenso.

Karl Hans Rohn war ein Wuppertaler Metzgermeister, ein echter Elberfelder Jung, wie ein Jugendfreund und Fleischerkollege es ausdrückte. Er zog die erfolgreichste Wurstküche von Wuppertal auf und brachte sie ein paar Jahre später durch. Eine Viertelmillion Schulden blieben ihm und eine kleine Bewährungsstrafe wegen einer längst vergessenen Rauferei. Alle hier in der Südstadt hatten Charlys Serie mit angesehen, die guten und die schlechten Zeiten. Noch immer läuft sein Lied in der Musikbox: «Charly kann nicht zahlen, denn Charly, der ist pleite.»

In seinen besseren Tagen war er ein bildschöner Mann gewesen und eine gute Partie dazu. «An jedem Finger zehn.» Eine Jugendfreundschaft auf solider Grundlage: Die Frau seines Metzgerkollegen zeigt mir, wie zur Bestätigung, ihre Hände. Anfang der Sechziger lernte sie ihren Gerhard kennen, Charlys Freund. «Charly hatte einen Schlag bei den

Frauen», sagt Gerhard, «und ich einen Opel Rekord. Ich habe immer eine abgekriegt, und nicht etwa nur seine abgelegten. Sogar meine Frau habe ich über ihn kennengelernt.» Die Wuppertaler Mädchen gingen am Ring spazieren und schauten, wer das größte Auto fuhr. Und Charly und Gerhard fuhren immer im Kreis und guckten sich neue Mädchen aus. Jede Woche kam Charly mit einer andern. «Darf ich euch meine neue Verlobte vorstellen – Stewardeß bei Hertie im Aufzug.» Der ganze Tisch lachte. Die Frau seines Jugendfreundes spricht von ihm wie von einem, um den es wahrhaftig schade ist. «Wenn er ‹Du schwarzer Zigeuner› sang, schmolzen die Mädchen auf dem Rücksitz dahin.»

Der schwarze Zigeuner war er. Groß, schlank, aber kräftig. Hände wie Spaten, dunkle Augen, schwarze Locken und ein Lachen, gegen das jeder Widerstand zwecklos war. Manchmal geschieht es, dann taucht aus einem sonst blassen Jahrgang, aus der Langeweile einer Vorstadt so einer auf und sieht unverschämt gut aus, hat nur Glück, eine lange, mühelose Strähne. Die anderen schauen kopfschüttelnd zu, wie er ein Bündel Geld lose in der Hosentasche trägt, wie er nach einem langen Zug durch die Bars zu Fuß heimgeht und seinen Porsche im ersten Gang neben sich herlaufen läßt, als sei er ein Hund. Wie er es wieder geschafft hat, sein Liebeswerk mit der nächsten Südstadtprinzessin zu krönen. Die jungen Männer fühlen sich angezogen, dann wieder spüren sie ihre tapsige, glanzlose Unterlegenheit, ihre Unfähigkeit, je so zu sein wie er. Sie wissen oft selbst nicht genau, ob sie ihn bewundern oder beneiden, aber instinktiv suchen sie seine Freundschaft, drängen in sein Licht, von dem, wenn der Abend gut läuft, sich etwas auf sie überträgt, von den entflammten Blicken der Mädchen gar nicht zu reden.

Wäre Charly Rohn, statt Metzger zu werden, zum Film gekommen oder hätte er Schallplatten besungen, sein Fach wäre der Volksheld beider Geschlechter gewesen, der ganze Kerl, die Kraft und der Schmelz: ein Tom Jones aus dem Bergischen Land, Hans Albers in Schwarz. Und wie ein vom eigenen Titelbild infizierter Held, ließ er nichts aus, keine Frau, keinen Spaß, kein Klischee. Nicht den Porsche und die «Eden»-Bar und den Nachtklub «La Femme». Das weiße Dinnerjacket nicht und nicht die Tourenwagenrennen auf dem Nürburgring. Nicht einmal den Hunderter, mit dem er sich selbst Feuer gab. Das Wort der frühen Jahre dafür war: Lebemann. Andere kamen herein und sagten: «Hallo». Charly trat auf und sagte: «Schampus für alle.»

Sein einziger Makel war dieses leichte Stottern, wenn er sich aufregte. Unter den rauhen Metzgergesellen mit ihren derben Späßen und Zoten auf Kosten der Frauen muß er eine Lichtgestalt gewesen sein. Niemand hatte ihm beigebracht, Komplimente zu machen, Blumen zu schenken, Frauen zum Lachen zu bringen. Er konnte es eben, und es gefiel ihm, daß er gefiel. Es gefiel ihm auch, sich spendabel zu zeigen. Jede Nacht riß Charly Rohn die Frauen ins Leben, wie es in den Illustrierten stand, riß sie auf, hielt sie frei, schlug sich für sie, zeigte ihnen ein paar Wochen lang das süße Leben jenseits der Südstadt, bevor er sie einfach stehenließ und gelegentlich eine andere heiratete. Er liebte sie, aber er desertierte nicht zu den Frauen. Wie ein guter Kumpel und schlechter Chef trank er nach Feierabend mit seinen Arbeitern und packte ihnen zum Wochenende die Kofferräume voll Wurst und Fleisch. Bescheidenheit ließ er nicht durchgehen. «Was, so wenig? Hast doch Familie. Hier, nimm noch ein paar Kilo mehr.»

Der fidele Metzgermeister mit den Schaufelhänden konnte nicht nur beim Schlachten zupacken, er hatte auch ein Händchen fürs Kaufmännische. Bloß festhalten konnte er nichts. Wenn er nach einer auf seine Kosten durchzechten Nacht heimging, um auszuschlafen, sahen seine Leute nicht ein, warum sie das nicht auch tun sollten, anstatt für ihn arbeiten zu gehen. Ein paar Jahre trug die Firma das. Es war die Zeit des unangefochtenen deutschen Bratwurstmonopols, vor der Invasion der Burger und Minipizzen. Die Wurstbuden im Revier rissen sich um Rohns Ware, zehn Leute stopften und kochten seine Würste, drei Lieferwagen waren unterwegs, bis hinauf nach Düsseldorf. Für sein Wurstrezept bot man ihm viel Geld – vergebens. Er rückte damit nicht heraus, obgleich er es am Ende dringend gebraucht hätte.

Der Schauplatz seines Abstiegs war ein schlichter alter Gewerbehof. Er lag in der Gegend des ehemaligen Schlachthofs. Hier in der Viehhofstraße wurde Karl Hans am 23. November 1938 geboren, hier betrieb Vater Rohn eine Fleischagentur. Bis Ende der sechziger Jahre hatte es in diesem Hof nach Fleisch und Blut und Salzlake gerochen, nach den Zutaten von Charly Rohns berühmten Würsten. Einer seiner vielen Bekannten glaubte, deren Geheimnis zu kennen: «Er stellte einen Rentner ein, stundenweise. Der hat ihm die Schweineköpfe ausgebeint und geschält. Das kam in die Wurst, darum schmeckte die so gut.»

In Charlys Hof hatte schon damals der Autoverleiher gesessen. Er saß hier noch immer. In Charlys guten Jahren waren sie Freunde gewesen, und als eines Tages die Stadtwerke Charly den Strom abdrehten, gab der Autoverleiher ihm Licht über den Zwischenzähler. Als Charly, er wohnte bei ihm zur Miete, nicht mehr zahlte, drehte auch er ihm den Strom ab. Charly wußte sich zu helfen. Er führte seine Frau, die zweite, jeden Tag in ein gutes Lokal. Daheim war es zum Kochen zu kalt und zum Essen zu dunkel.

«Wir fuhren zusammen in Urlaub mit unseren Frauen, nach Oberstdorf. Dann die Pleite. Seine Wurstfabrik wurde geräumt. Sein Vater starb. Die Scheidung von seiner ersten Frau, einer Metzgerstochter. Das hätte nicht sein müssen, das war seine Schuld. Die Mädels und der Alkohol, das war sein Unglück. Dann 1969 der Selbstmordversuch. Tabletten. Ich besuchte ihn im Krankenhaus. Er lebte, sie hatten ihm den

Magen ausgepumpt. Seine Mutter sagte im Flur zu mir: ‹Ich wollte, er wäre nicht wieder wach geworden.› Ich weiß nicht, warum sie das sagte. Sie liebte ihn, und er sie auch. Ich habe sie nicht gefragt, wie sie es meinte. Vielleicht hat sie gesehen, was kommt. Er hat dann eine Weile bei mir gearbeitet, als Autowäscher. Stellen Sie sich das vor: Putzlappen in der Hand, im dreckigen Blaumann, auf demselben Hof, über den er bis gestern noch im weißen Chefkittel gegangen war. Dann verschwand er. Seitdem war er Kimble auf der Flucht.»

Auch Mütter sind Frauen, auch Maria Josefa Rohn erlag ihrem schönen, starken Sohn, der das Geld mit beiden Händen hinauswarf und dem leicht die Faust ausrutschte. Kam er mit zwei blauen Augen heim, legte sie ihm kühle Lappen auf.

«Junge, trink nicht so viel.»

«Ach, Seffilein.»

Eine Umarmung, und schon strahlte sie wieder.

«Mein Augapfel.»

Karl Hans Rohn war jetzt einunddreißig. Den längeren, glücklicheren Teil seines Lebens hatte er hinter sich. Alte Freunde ließen sich, wenn er vor der Tür stand, von ihren Frauen verleugnen. Es war, als habe jemand aus einem Gruppenbild eine Figur herausgeschnitten. Alle waren noch da, wohnten noch in denselben Straßen, standen hinter denselben Fleischertheken, vor denselben Tresen, nur Charly fehlte. Bei seinem Jugendfreund, dem mit dem Opel Rekord, war er in den letzten Jahren ab und zu aufgetaucht, um sich, wie er sagte, zwanzig Mark zu leihen oder ein Bier. Manchmal bot er ihm einen Pelzmantel zum Kauf an oder einen Kanister Reinigungsmittel. Der Metzgerkollege und seine Frau nahmen sich Zeit; sie holten alte Photos hervor, echte, auf denen Charly nicht fehlte, bunte Freundschaftsbildchen in Sechziger-Jahre-Farben. Er saß auf dem Sofa, und seine Frau – dieselbe, an die er über Charly gekommen war – hielt die Bilder in der Hand wie ein schlechter Spieler ein trauriges Blatt.

Ihr Mann sagt: «Mit dem konnte man sich doch nicht mehr sehen lassen.» Er sagt es nicht grob. Er sagt es, wie ein Schlachter in die Schlagader schneidet, nicht weil er töten will, sondern weil es so sein muß und nicht anders geht. Er konnte den Anblick des späten Charly nicht ertragen: seinen besten Freund, sein aufgedunsenes, zittriges Jugendidol. Er wollte ihn nicht sehen und wollte mit ihm nicht gesehen werden. Er schüttelt den Kopf. «Betteln gehen ist widerlich.» Er macht eine kurze Pause. «Wissen Sie, wie ich in die Grube fahren will? Sie lassen mich hinab, und der Pfarrer sagt: ‹Und wieder hat der Herr einen Steinhäger zu sich genommen.› Ich bin nämlich aus Steinhagen, da machen wir das so.» Dann sagt er: «Es war eine lustige Zeit mit ihm. Und dann so ein Ende. Sie sollen ihn verscharrt haben wie einen Hund drüben in Holland. Stimmt das?»

In Hengelo, Holland, konnte ein hart und schnell arbeitender Mann viel Geld machen. Dorthin pendelte Rohn nach seinem Desaster. In einem Jahr verdiente er in Hengelo 140 000 Mark und verbriet sie in Wuppertal, samt dem heimischen Sozialhilfesatz. Ein Kopfschlächter ist einer, der im Akkord Rinder, Schweine, Schafe schlachtet, und Rohn führte in den Schlachthäusern von Hengelo Kopfschlächterkolonnen. Mit den Jahren baute er körperlich ab und war den Schlachthäusern nicht mehr gewachsen. Er versuchte es daheim als Vertreter für Schulbücher. Danach war er für einen Freund unterwegs, der den Fleischern der Gegend Reinigungsmittel anbot. Er verkaufte gut, viele Metzger kannten ihn noch aus der Ära der Rohnschen Würste, aber was er bei ihnen einnahm, trug er sofort zu den Wirten, samt Mehrwertsteuer.

Da er den Führerschein los war, war er zu seinen Kunden mit dem Bus unterwegs, und da er stets pleite war, kaufte der Freund seinem besten Mann die Monatskarten. Wie alle, die jetzt mit ihm zu tun hatten, wurde er häufig Zeuge von Charlys Tiraden. «Als es ihm schlecht ging, fing er an: ‹Alle haben mich ausgenommen.› Das stimmte nicht. Er warf, was er hatte, weg, und er hatte viel gehabt. Alle waren dann schlecht. Nazischweine. Er wollte sich interessant machen und wollte damit was erreichen. Er machte den Leuten ein schlechtes Gewissen, und sie gaben ihm einen aus. Komisch, ich hab's ihm trotzdem geglaubt. Ich glaube jetzt noch, daß er Jude war.» Wie alle ließ er ihn reden und beließ es dabei. «In so was rumrühren, ist nicht meine Sache.»

Die jüdische Mutter, die Kinderjahre im Wald. Welcher Wald? Und wann genau war das? Wie hatten sie überleben können? Seine Freunde fragten ihn nicht und seine Sponsoren am Tresen auch nicht. Neben ihnen stand also ein Jude, aha. Es störte sie nicht, aber es interessierte sie auch nicht. Es störte nur, wenn er es übertrieb und zu laut wurde. Charlys Stimme lief wie ein an- und abschwellender Subton im Kneipenlärm mit.

Manchmal ging er in die Kirche, aber in die christliche, und er wäre nicht Charly gewesen, hätte er sich nicht in die hübsche Pastorin der Thomaskirche verliebt. Er kam, wenn sie predigte, setzte sich in die hinterste Bank, weinte viel und heftig und sang die Kirchenlieder mit. Zum anschließenden Kaffeetrinken im Gemeindehaus kam er nie. Er ging nach dem Segen vor zur Pastorin, um mit ihr zu flirten – und sie um Geld zu bitten. Er war einer der wenigen, denen sie welches gab. Zwar trat der schwarze Zigeuner einigermaßen derangiert vor den Altar, innerlich und äußerlich, aber seine Ausstrahlung hatte er nicht verloren. «Er hatte schon Charme. Er machte mir Komplimente, aber er wurde nie lästig oder unangenehm, nie anzüglich. Er hielt sich gerade. Er war immer noch eine starke Persönlichkeit. Er hatte nicht seine Mitte verloren wie andere, die um Geld kommen. Er war etwas abgerissen und hatte manchmal eine Fahne, aber er stank nicht.»

Als er ihr eine offensichtlich konstruierte Erklärung neuerlicher Geldnot auftischte, gab sie ihm ihre Zweifel zu verstehen: «Das klingt aber nicht ganz koscher, Herr Rohn.» Er explodierte. Er sei Jude, schrie er. Und: «Warum benutzt ihr jüdische Wörter immer nur negativ?» – «Der heftige Gefühlsausbruch machte mich stutzig. Er mußte doch fürchten, kein Geld zu kriegen, so, wie er mich anfuhr. Ein gewöhnlicher Schnorrer, der eine gewöhnliche Schnorrerlegende abliefert, hätte das nicht riskiert.»

Sie hatte eine Todesanzeige für ihn aufgegeben: «Wir kannten ihn. Wir sind entsetzt und traurig über seinen gewaltsamen Tod durch rechtsradikale Täter.» Es war die einzige Anzeige gewesen, die einzige Beileidsbekundung überhaupt. Sie war sofort bereit, die Spur wiederaufzunehmen. Sie suchte einen Taufeintrag in ihren Kirchenbüchern, aber sie fand keinen, auch keinen Vermerk zur Konfirmation eines Rohn, Karl Hans Anfang der fünfziger Jahre. Allerdings waren nur die Elberfelder Kirchenbücher der Reformierten erhalten, die lutherischen waren im Krieg verbrannt. Und sie hatte ihn beten sehen in ihrer Kirche und die evangelischen Lieder mitsingen hören. Zuletzt war er mit einer Frau gekommen. Er schien verliebt.

Seine erstaunliche Wirkung auf Frauen hielt an bis zum Schluß. Statt Schampus gab es jetzt zwei Pikkolos von der Curry-Bude, doch die Geste zählte, und sie kam an. Aus den hübschen Mädchen von früher waren ein-, zweimal geschiedene Fünfzigjährige geworden. Bei einer schlug die Diät nicht mehr an. Die Augen der anderen lagen tief hinter Tränentälern. Die dritte hatte zwar ihren beinahe mädchenhaften Körper vor dem Altern bewahrt, aber im Tausch dafür ihr Gesicht hergegeben. Alle Enttäuschungen und Verhärtungen ihres Lebens standen darin geschrieben, und ihre Lippen waren der Strich darunter. Charly Rohn hatte die Gabe, sie alle noch einmal in Versuchung zu führen. Wenn er so durch die Südstadt ging, rotbraunes Lederköfferchen, Goldkettchen am

Arm, gab er noch immer ein stattliches Mannsbild ab. Die schwarzen Locken waren allerdings grau geworden, und eine seiner letzten Freundinnen fand, er sei aufgeschwemmt. «Brüste wie eine Frau.»

Als sie ihn gefunden hatten, war Rosemaries Nummer in seiner Brieftasche gewesen, sonst keine. Als ich bei ihr klingelte, feierte sie gerade mit einer Freundin und einer Flasche Likör in den Feierabend hinein. Wenn sie von Charly sprach, war ihre Stimme dem Wasser nahe. «So'n lieben Mann. War auch so alleine. Hat auch öfter einen getrunken.» Kennengelernt hatte sie ihn in einer Kneipe am Loh: eine von vielen eilig passierte Ecke, an der dichtgedrängt ambulante Kohlehydrathändler auf Kundschaft warten: Stehpizza, Stehcafé, Stehkebab, Stehbier. Hier laufen die Straßen zusammen, die mit der Schwebebahn verabredet sind. Fast geräuschlos tauchte die hängende Lore aus dem aufgemauerten Grabtal der Wupper auf, hielt hoch über den Köpfen, verteilte ihre Fracht in die schmalen Straßen und Häuser, dann huschte ihr Schatten über die Straße, übers Loh und seine Gestalten. Eine von ihnen trug ein Goldkettchen um den Hals und ein rotbraunes Aktenköfferchen in der Hand. «Er kam rein, groß, schwarzer Anzug, sah super aus.» Später sagte er ihr, was er immer sagte, wenn es spät wurde:

«Ich bin Jude.»

«Charly, da mußte nich soviel von reden.»

«Ich bin aber stolz drauf.»

Noch später, man war inzwischen bei ihr, fragte er sie, ob er hier übernachten könne, und sie blieb tapfer: «Nee, Charly, mußt 'ne Taxe rufen.» Er ging sofort. Nie war er frech. Und noch später, zu spät dann, hatte sie sich gedacht: «Den hättste dir mal halten sollen. Hättste mal sagen sollen, er soll vorbeikommen an dem Tag im November. Dann wär das nicht passiert. Nee, so'n lieben Mann.»

Gisela kannte ihn aus den frühen Siebzigern, dann hatte sie

ihn aus den Augen verloren. In einem hatte er sich überhaupt nicht verändert. Er machte ihr den Hof, rief rund um die Uhr an, legte Blumen vor ihre Tür, stellte einen Pikkolo auf die Fußmatte, kletterte auf ihren Balkon wie ein verliebter Lehrling. Irgendwann ließ sie ihn herein und konnte es nicht fassen, daß er schon morgens zur Trinkhalle mußte. Er entschuldigte sich. Das sei der Magen. Er hatte ständig Schmerzen: der Bauch, das Herz. Und er war auf Bewährung, wegen einer Prügelei. Er versuchte, gut zu ihr zu sein. Manchmal brachte er Futter für ihre Katze mit, und manchmal schmiß er sich auf ihren Teppich und weinte hemmungslos. Dann sprach sie mit ihm. Von allen, die ich traf, war sie die einzige, die ihm die zwei, drei Fragen stellte, die ich gern gestellt hätte.

«Ihr wart also im Wald, du und deine Mutter. Wie lange?»

«Zwei Jahre.»

«Wie konntet ihr da überleben?»

«Mutter hat was zu essen von Bauern besorgt.»

«Und im Winter? Ihr müßt doch erfroren sein.»

«Mutter hat ein tiefes Erdloch gegraben und darüber einen Bretterverschlag gebaut.»

«Und man hat euch nicht entdeckt?»

«Nein, sonst würden wir nicht mehr leben.»

Damit endete auch dieses Gespräch. «Es interessierte uns nicht, ob er Jude war oder Halbjude oder was sonst. Er war ein Frauentyp. Er trank zuviel. Er war so sensibel.»

Ein Paar für ein paar Wochen: ein Mann des öffentlichen Lebens, ein Mann vom Loh, und eine Frau mit Katze, mit eigenen Sorgen. Wer Sorgen hat, hat auch Likör, und wer sich in die Öffentlichkeit begibt, kommt darin um. Einsamkeit ist unter allen Umständen möglich. Es ist denkbar, zehn, zwanzig Jahre lang von früh bis spät Umgang mit Menschen zu haben und ihnen bei jeder Gelegenheit sein geheimstes Lebensgeheimnis auf die Nase zu binden – und nichts weiter. Niemand wußte wirklich etwas. Seine erste Frau schlug mir die Tür vor der Nase zu. «Nase» war in den fröhlichen Sechzigern ihr Spitzname gewesen, weil sie eine große hatte. Und Verwandte, die mit ihm irgend etwas zu tun gehabt hätten, gab es nicht.

Endlich, nach wochenlanger Fragerei, tauchte ein Name auf. Ich wählte die Nummern hinter den Kolonnen gleichlautender Namen aus diversen Telephonbüchern. Irgendwann nahm irgendwo in der Aachener Gegend Maria Josefas Cousin den Hörer ab, und ich erfuhr ihre Familienwahrheit. Charlys Mutter hieß mit Mädchennamen Maria Josefa Mingers und stammte aus einer tief katholischen Familie in einem Ort bei Aachen, sein Vater Karl Rohn von einem Bauernhof bei Rothenburg ob der Tauber. Josefas Cousin erinnerte sich gut an Charlys Eltern. «Sie hatten sich ineinander verliebt, aber ihre Familie lehnte Karl ab, weil er evangelisch war.»

Das Paar zog fort, nach Wuppertal in die Hospitalstraße 12. Dort kam am 23. November 1938 abends um Viertel nach neun ihr einziges Kind zur Welt. Sie gaben ihm die Vornamen des Vaters Karl und seines Bruders Hans. Kein Jude also, kein Grund, sich im Wald zu verstecken, keine Erdhütte: Südstadt von Anfang an. Also doch die Schnorrerversion, ganz so, wie sie ihm seine Stadt postum amtlich bescheinigt hatte, in einem Vermerk des Wuppertaler Ordnungsamtes für den Prozeß gegen seine Mörder: «Der hiesigen Dienststelle wurde bekannt, daß der getötete Rohn seit längerer Zeit durch Wuppertaler Kneipen zog. Er verbreitete dort, daß er jüdischer Abstammung sei, um so unter Anspielung auf die Nazizeit Getränke zu ‹schnorren›. In vereinzelten Fällen soll es auch vorgekommen sein, daß Zahlungsforderungen von Gastwirten (‹ausstehende Deckel›) auf diesem Wege abgewiegelt wurden.»

Es war einfach zu einfach. Alle, die ich gesprochen hatte, darunter alte Freunde von Jugend an, nicht nur rührselige Bekanntschaften vom Loh, versicherten, daß sie ihm die Geschichte immer geglaubt hatten. Nur der Autohändler, der ihm am Ende den Strom abgedreht hatte, hatte abgewinkt: Spinnerei. Für alle anderen war er Charly, der Jude. Auch vor meiner Tür hatte Charly Rohn einen Rest Ungewißheit hinterlassen, ein Pikkofläschchen voll Phantasie. War er so ungemein überzeugend, weil er der geborene Schauspieler war, oder wußte er über sich etwas, das sonst niemand wußte? Falls ja: warum erst so spät? Frau Nase hatte mir, bevor sie die Tür zuschlug, unwirsch erklärt, in ihrer Ehe sei davon nie die Rede gewesen. Erst nach Scheidung und Pleite, er war damals um die dreißig, räusperte sich der Jude in Charly Rohn. Was wäre, wenn seine Mutter ihm, vielleicht im Bethseda nach dem Selbstmordversuch, etwas gesagt hätte, worüber sie zuvor stets geschwiegen hatte? Ein despektierlicher Vorfahr, der in ihrem linksrheinisch-katholischen Dorf vertuscht wurde. Eine unklare Vaterschaft gar. Und Charly mit seiner blühenden Phantasie dichtete den Wald und die Erdhütte dazu. Reine, abenteuerliche Spekulation, für die es nicht die Spur eines Beweises gibt.

Wächst nicht aus langer Beschäftigung mit einem gefallenen Engel der Wunsch, er möge nicht umsonst gefallen sein, er möge ein Geheimnis gehabt haben? Etwas, das ihn aus dem Loh heraushob, aus dem Dunst der Kneipen und der Spinnerei nach dem zehnten Getränk und dem Schnorren der nächsten. War es ihm nicht selbst so ergangen? War der Jude nicht eines Tages in Charly eingewandert, durchs Ohr, durch die Redensarten, die er von Jugend an gehört hatte? Sein bester Jugendfreund, der mit dem Opel Rekord, hatte ihn eines Tages heim nach Steinhagen gebracht, und der Vater, ein westfälischer Viehhändler, hatte den Sohn beiseite genommen: «Sag mal, dein Freund ist aber ein Beisrölchen.»

Vor dem Krieg hatte es auf dem Land viele jüdische Viehhändler gegeben. In der Sprache und Erinnerung lebten sie fort. Echos jiddischer oder hebräischer Ausdrücke hallten im Viehhändlerjargon nach. Ein Beisrölchen oder Beisroler war

bei ihnen ein Jude, vermutlich eine Verballhornung des he-
bräischen «Beit Israel» – Haus Israel. Dann das Äußere. Der
schwarze Krauskopf, der dunkle Teint, die Augen, das Gesicht. Die Jüngeren übernahmen es gedankenlos, sie hatten
keine Vorstellung, was ein Jude sei. Sie kannten ja keinen. Ge-
nausogut hätte es heißen können: Beim jungen Rohn ist ein
Indianer mit drin. Wie hatte es die Frau des Steinhägers aus-
gedrückt: «Die Älteren sagten, er hat was von einem Juden,
vom Typ her. Das war nicht böse gemeint. Daraus hat sich nie
einer was gemacht. Wir glaubten eben, daß er einen Juden in
der Familie hatte.»

Als Karl Hans Rohn im Bethseda aufwachte, in einem weißen Krankenhausbett, da sah er nach seiner Ehe und seiner
Firma auch seinen letzten Versuch gescheitert: den Abgang.
Jetzt, wo er hilflos und nackt in weißen Laken lag, neugebo-
ren in ein Leben danach, das nie mehr so sein würde wie das
erste, jetzt, wo alle vertrauten Selbstbilder abhanden gekommen waren, fiel ihm der ein, den sie ihm so lange schon angetragen hatten: der Jude. Das Opfer stärkerer, feindlicher
Mächte, gegen die er einfach nicht ankam.

Wüster November

Es war früh kalt geworden diesen Herbst, und Charly Rohn
hielt es wieder einmal nicht aus in seiner trüben Einzimmer-
bude im Apartmenthaus Lantert 1, am Bahndamm. Dusche
auf dem Flur, keine Küche. Wer hier wohnte, suchte dringend
eine Wohnung, oder er suchte gar nichts mehr. Er hatte jetzt
immer einen «Platten Karl» dabei, wie die Wuppertaler sagen,
ein Fläschchen Schnaps. Das Zittern hörte nicht auf, und die
Eingeweide taten ihm weh, das Herz stach, und die Sozialhilfe
und was sonst hereinkam, war alle.

Gegen Mittag stand er auf, zog seine schwarze Jeans an, den Rolli, seinen Blouson, den grauwollenen, hellgetupften, fuhr in die Schuhe, die braunen mit der dicken Specksohle, steckte die Jahreskarte ein, das Ticket 2000, machte die Tür zu seinem armseligen Zimmer hinter sich zu und ging los, zu Ewald, vielleicht hatte der ein paar Mark übrig. Die zwei waren fast täglich zusammen. Trotzdem würde sein letzter Freund vor Gericht erklären, er habe Charlys richtigen Vornamen nicht gekannt. Er wußte auch nicht, wo er wohnte. Er wußte nur: Der hat keine Mark auf der Naht. Als er es leid war, ihn freizuhalten, schlug er ihm vor, bei der Frostfirma anzufangen, für die er selbst unterwegs war: Tiefkühlkost an der Haustür verkaufen. Charly machte das gut, schließlich war er im ersten Leben Kaufmann und danach Vertreter gewesen. Die zwei müssen ein auffälliges Duo gewesen sein; bei ihren Kollegen hießen sie nur: Glatzkopf und Spitzbart. Rohn trug zuletzt einen Kinnbart. Seit einer Woche war Schluß, der Chef sagte es so: «Da das Auftreten der beiden Herren dem Image der Firma nicht förderlich war, wurde das Arbeitsverhältnis beendet.»

Ewald war nicht daheim, und Elvira, seine Gefährtin, war krank. Sie war oft krank, und Charly kümmerte sich rührend um sie. Kaum erwähnte sie ihre Vorliebe für Ananasjoghurt, brachte er ihr jeden Tag welchen vorbei. Bis gegen achtzehn Uhr blieb Charly bei Elvira, dann ging er los, um Ewald in den Kneipen zu suchen. Er fand ihn nicht. Gegen halb zehn landete er im «Laternchen». Das Lokal hatte die Größe einer Heimsauna und sah auch ein bißchen so aus. Marian, der Wirt, war mit seinen Eltern aus Oberschlesien ausgesiedelt. Fürs «Laternchen» zahlte er fünfhundert Mark Miete im Monat und machte vierhundert Mark Umsatz. Den Rest legten die Eltern drauf. Er war jetzt einunddreißig, gläubig, trank nicht und hatte daheim in Polen den Wehrdienst verweigert. Im übrigen erwartete er stündlich den Nobelpreis oder wahlweise eine Einladung in die «Rudi-Carell-Show». Er schrieb Briefe an Helmut Kohl und identifizierte sich mit Elvis Presley. Von dem Gedanken, Jesus zu sein, hielt ihn nur die Überlegung ab, der habe Tote zum Leben erwecken können. Er mußte zugeben: Das konnte er nicht.

Noch in dieser Nacht würde sich zeigen: Marian kann immerhin Lebende zu Tode bringen, wenigstens kann er dazu beitragen. Der Abend beginnt als Lebensfest. Im «Laternchen» wird die Geburt eines Kindes gefeiert, und Charly Rohn feiert mit. Der Wirt fürchtet sich vor seinen Gästen, vor allem vor dem glatzköpfigen Zweizentnermann in Springerstiefeln, der pro Tag eine Palette Bier und zwei Flaschen Schnaps braucht, und vor dessen achtzehnjährigem Gefolgsmann mit den stahlkappenbewehrten Stiefeln.

Er sagt den Skinheads gleich zu Beginn, Charly sei Jude. Keine Reaktion. Kein weiteres Wort darüber. Ein Wettrinken beginnt. Erst Stunden später taucht das Wort aus dem Dunst von Bier und Schnaps wieder auf. Der Dicke hat jetzt zwölf Bier, eine halbe Flasche Apfelkorn, sechs Sambuca, eine halbe Flasche Whiskey und einen Drittelliter Schnaps intus, sein Kumpel hat immer mitgehalten. Alles lallt und krakeelt sturzbesoffen über Politik. Das «Laternchen» ist jetzt wirklich eine Dampfsauna aus Bierdunst und Qualm. Da fällt Charly sein Thema wieder ein. Etwas von Nazischwein und daß er den Dicken immer noch unter den Tisch saufe. Der Dicke schlägt zu, der Wirt tut nichts, er sagt nur was, und jetzt zündet das Wort augenblicklich. «Juden müssen brennen.» Sie fallen über Charly her, treten ihn zusammen, schütten Sambuca drauf, die Flasche ist noch halb voll, stecken ihn an, sehen ihn brennen, löschen ihn, packen ihn in das Auto des Wirtes. Bis jetzt wäre es noch kein Mord, mit einiger Sicherheit lebt er noch, aber nicht mehr lange. Der Zweizentnermann sitzt auf Charlys Brust, der Wirt fährt, fährt aus der Stadt hinaus auf die Autobahn Richtung Westen, fährt über die Grenze nach Holland hinein, und der Dicke hockt auf der Brust. In der Gegend von Venlo, beim Dorf Kessel an der Maas, halten sie an und laden ihn aus.

Auf dem Totenschein der holländischen Gerichtsmedizin wird stehen: «Karl Hans Rohn, 53. Mehrere Rippenbrüche, Brandverletzungen, 2,89 Promille Blutalkohol. Tod am 13. November 1992 zwischen ein Uhr nachts und vier Uhr früh, durch Fremdeinwirkung.» Der Gemeinde Kessel sind Kosten entstanden. Auf den Toten in ihrer Gemarkung erhob niemand Anspruch, keine Familie, keine Verwandten, so fiel die Leiche an Kessel. Der Friedhof in Venlo besitzt einen speziellen Apparat zum Zerstreuen der Asche, die aus dem Krematorium kommt. Die Asche kommt hinein, man zieht einen Griff, und sie wird auf einem der dafür vorgesehenen Felder verstreut. Am 18. November wurde Charlys Asche in den Apparat gefüllt und verstreut, in Feld B. Was wäre, wenn. Wenn Rohn nicht gepöbelt, der Wirt nicht gezündelt hätte? Nichts wäre. Etwas im «Laternchen» stimmte. «Die Bombe, die die ganze Zeit schon getickt hatte, ist explodiert.»

So sagte es der Staatsanwalt im Prozeß. Und der Gutachter gebrauchte das Wort schizoid; er meinte den Wirt, den die fünfundzwanzig Kameras, die seinetwegen gekommen waren, stark beeindruckten und der seinen Anwalt bat, ihm ein Bild von Madonna zu besorgen und Clinton anzurufen, damit er ihn aus dem Knast hole, und seine beschriebenen Blätter, die er sein Buch nannte, nach Hollywood zu verkaufen. Ein Mann, der in seiner eigenen Welt ein Jude war und dafür zwanzig Jahre lang Achselzucken geerntet hatte und ein paar Freibiere, war an einen Kenner geraten. An einen, der Elvis war und beinahe Jesus. Der Wirt muß stark auf Rohn reagiert haben. Vielleicht hat er ihn sogar als Bruder im Träumen erkannt. Da saß einer vor ihm auf dem Barhocker, genauso angreifbar wie er selbst, noch gefährdeter eigentlich. Da war seine ewige Angst vor der Welt, die über ihn lachte und ihn bedrohte, die Angst vor seinen gewalttätigen, dumpfen Gästen. Heute nacht konnte er sie alle besänftigen. Seine Angst, seine Gäste, die Welt. Er konnte ihnen ein Opfer darbringen. Nein, er war nicht Jesus. Dort auf dem Hocker saß der Jude, das Brandopfer, das Lamm der Welt.

5 | Das Klavier in der Steppe

Drei Dörfer Orloff

Ich nahm den Nachtzug von Alma-Ata nach Dschambul. Abends um sechs sollte er gehen, eine endlose Kette schwerer russischgrüner Eisenwagen, deren naturtrübe, storeverhangene Fenster die Röte aus dem Abendlicht filterten. Draußen war alles rot, der Bahnhof, der Staub in der Luft und der Westen. Der Westen, das war die Steppe, die Große Kasachensteppe, eine Welt aus lauter Himmel und hartem Gras, die sich bis ans flache Wiesenufer der Wolga dehnt, an den äußersten Rand des zerklüfteten Archipels Europa.

Drei Tage zuvor hatte sich die Tupolew aus Moskau auf die Seite gelegt und mir Alma-Ata im Frühlicht gezeigt. Die Stadt am Fuße der Tienschan-Berge entspricht weitgehend dem Ideal europäischer Städteplaner der zwanziger Jahre und der Nachkriegszeit. Ein nie himmelwärts strebendes, dafür weit in die Fläche sich lagerndes, grünes Stadtdorf aus Beton ohne erkennbare Mitte, mit breiten Straßen, die oft Alleen sind und an denen kleine Kanäle entlanglaufen. Hinter dem Bergsee Issyk-Kul, ein paar Autostunden entfernt, liegt China. Die rote Sonne, die in diesem Moment über den Tienschan stieg, stach in die Gesichter der übermüdeten Passagiere und brachte den Häuptling aus dem Altai ins Blinzeln. Er saß neben mir, und ich nannte ihn so, weil er große Ähnlichkeit mit einem indianischen Chief hatte. Das pechschwarze, glatte Haar, das breite, narbige, bronzene Pokergesicht, die massige Statur. Nur das sowjetische Hütchen aus falschem Stroh störte etwas. An dem Nachtflug hatte ich wenig Freude gehabt, denn mit jedem Atemzug war mein Nachbar tiefer in seinen Sitz und ins Sein gesunken und einen Millimeter mehr in die Breite gegangen.

Der Zug stieß unwillige Zischlaute aus, vielleicht weil er Verspätung hatte. Auf dem Perron war im Abendlicht eine so gewaltige bunte Menge versammelt, als habe ganz Zentralasien Abordnungen geschickt. Russen, Kasachen, Kirgisen, Tadschikinnen im Silberschmuck, städtische Usbeken, dazu die Nachkommen deportierter Völker der Stalinzeit: Krimtataren, Wolgadeutsche, Schwarzmeergriechen, Koreaner. Sobald die Menge sich über den Zug verteilt und dieser sich gemächlich in Bewegung gesetzt hatte, kehrte Ruhe ein. Für die Schaffner, denen nicht nur die Kontrolle der Fahrscheine obliegt – eher sind sie so etwas wie Herbergseltern – war es das Zeichen, Teewasser aufzusetzen. In jedem Waggon, am Ende eines jeden Ganges kochte es in einem großen Kessel in einem kleinen Ofen auf offenem Feuer. Für die Passagiere war der Moment gekommen, ihre Taschen, Beutel und Picknickkörbe auszupacken. Mein Abteilgenosse schlug ein umfängliches Bündel Zeitungspapier auf, und ein gebratenes Huhn kam zutage. Bald erschien unsere Herbergsmutter, eine runde, freundliche Russin, mit frischem Tee, einer Kanne für jeden.

Eine volle Stunde brauchten wir, um aus Alma-Ata herauszukommen. Die Sonne sank schnell, und in den Abteilen wurden die Lichter gelöscht. Ich konnte so früh nicht schlafen und unternahm eine Wanderung durch den Zug. In den Gängen war nur hier und da ein Schnarcher zu hören oder ein Bein zu sehen, das aus einem Abteil ragte. Der Videosalon ganz am Ende des Zuges war geschlossen. Als ich zurückging, begegnete ich einer jungen blonden, ausgehfertig gekleideten und geschminkten Russin, die im Gang auf und ab schlenderte und zweifellos das Gespräch suchte. Ihrem kleinen Kind hatte sie die Flasche gegeben und ihrem Mann auch eine. Das Kind war satt und der Mann betrunken. Beide schliefen jetzt, und sie hatte eine Weile Ruhe, um im Zug Geld zu verdienen.

Der Zug fuhr die ganze Nacht. Als wir in Dschambul ankamen, war es noch dunkel. Die Stadt liegt, wie Alma-Ata, am südlichen Rand Kasachstans. Wir waren die ganze Zeit parallel zur kirgisischen Grenze gefahren. Ich wurde auf dem Bahnhof erwartet. Mit dem Auto ging es nach Süden, nach Kirgisien hinein, in den Talaskij Rayon. Talas ist der größte Fluß und zugleich der Hauptort des nordkirgisischen Bezirks. Wir erreichten das Dorf Orlowka im Morgengrauen.

In Alma-Ata hatte ich einige Schauspieler des rußlanddeutschen Theaters kennengelernt. Eine von ihnen, Katharina Riesling aus Orlowka, hatte mich ihren Eltern angekündigt. Während sie den Tisch deckten, lief das allrussische Frühstücksfernsehen, eine wüste Kirmesbude, in der aerobische Zuckungen sich mit dem Gehampel eines russischen Rockstars und mit Comicfetzen abwechselten, in denen ein ulkiges Tier auftrat, mit Beutekunsthappen aus amerikanischen Musicals und singenden russischen Kindern, adrett gekleidet und die landesüblichen riesigen Schleifen aus rosa und blauem Tüll im Haar – das alles ständig unterbrochen von Werbung für weitere Unterhaltungselektronik und von Berichten über den Krieg im Irak.

Orlowka war ein typisches Siedlerdorf in der Steppe, die bis vor hundert Jahren niemandes Pflug behelligt hatte. Nomadische Kirgisen hatten ihre Schafe, Ziegen, Pferde hier geweidet, wenn sie die Herden nicht gerade auf die Sommerweiden trieben, in die pastellfarbenen Berge. Im weiten Hochtal zwischen zwei Bergketten, Ausläufern des Tienschan, an der Stelle, wo der kleinere Urmaral in den Talas mündet, der dem ganzen Gebiet den Namen gibt, befanden im April 1882 fünfzig Familien, die zwei Jahre zuvor aus ihren Dörfern an der Wolga und anderswo Tausende Kilometer weiter westlich aufgebrochen waren, immer nach Osten zu, nun seien sie angekommen. Fünf Dörfer entstanden: Köppental, Gnadental, Gnadenfeld, Nikolaipol, was soviel wie Nikolausfeld heißt, dem russischen Zaren zu Ehren, und zuletzt Orloff.

Dieser Name war mit den Siedlern durch die Jahrhunderte

gewandert: Als Katharina, die Zarin, 1763 deutsche Kolonisten an die Wolga rief und ihnen Land, Glaubensfreiheit, Be-
freiung von Militärdienst und Steuern, dazu eigene Schulen
und Selbstverwaltung zusagte, machte sich auch das mennonitische Dorf Orloff bei Danzig in Preußen auf. Und als gut
hundert Jahre später ein anderer Zar die auf ewig gewährten
Privilegien kassierte und die Söhne der Mennoniten einzie-
hen wollte, suchten die Lauen einen Kompromiß mit dem
Staat, aber die Rechtgläubigen brachen wieder auf, noch weiter in den Osten. Manche kamen bis ins Tal des Talas, andere
änderten die Richtung und kamen sogar bis Amerika. Wie ein
Schneckenhaus nahmen die Leute aus Orloff ihren Dorfna-
men jedesmal mit. Er war immer da, wo sie gerade waren. Es
gab ein zweites Orloff an der Wolga, und es gab seit 1890 das
dritte, das kirgisische Orloff. Die jüngste eurasische Konti-
nentalverschiebung, deren winziger, leicht zu übersehender
Teil die mennonitische Drift war, ist über alle drei Orloffs gegangen. Das an der Wolga ist vergessen, das bei Danzig heißt
heute polnisch Orlowo Gdanski, und das kirgisische beugte
die Sowjetmacht unters russische Diminutivum: Orlowka.

Dem Dorf war das Abschreiten der Desjatinen durchs Gras,
das Einrammen der Pflöcke noch anzusehen, der Entschluß
des Trecks in der Steppe: Hier soll es sein. Ein schlichtes Ra-
ster aus einigen sich kreuzenden Parallelpisten, daran Parzel-
len, abgeteilt durch Staketenzäune und zur Straße hin hohe,
türkisgrün oder hellblau gestrichene Blechtore mit weißem
Zuckerbäckerrand – im Lauf der Jahrzehnte hatten die russischen Wasserfarben und Formen auf die Deutschen abgefärbt.
Ihre ebenerdigen, eingeschossigen Häuser unterschieden sich
nach Größe, Bauart und Material kaum voneinander. Eine
Wohnküche, die Waschküche, die manchmal nur ein Vordach
und ein Wasserbecken im Hof war, und mehrere geräumige
Zimmer, deren größtes eine Art Empfangsraum, der etwas
Gemeindliches hatte: an den Wänden Stuhl an Stuhl, sonst

leer, selten ein Sofa. Es war der Raum, in den man Besuch führte, Tee trank, sich unterhielt. Auf dem eingeschossigen Haus saß ein Spitzdach, meist wellblechgedeckt, dessen Giebel nicht selten offenstand – luftiger Lagerplatz für Heu und andere unverderbliche Güter. Dazu kleinere Nebengebäude. Stall, Werkstatt und im Garten, unter Bäumen, der Steinofen, in dem sie ihr kräftiges, aromatisches Brot buken, und – nicht minder luxuriös – das tagsüber bienenbesummte, bei Nacht grillenbezirpte Bretterhäuschen mit dem kleinen Auslug in Augenhöhe und dem größeren Loch zum Sitzen.

Das auffällige Glitzern ihrer Häuser in der Sonne und sogar bei Mondschein bewies das Improvisationstalent der einstmals strenggläubigen Deutschen von Orlowka, aber auch das unausrottbare menschliche Bedürfnis, sich ein irgendwie schmuckes Haus zu bauen und nicht bloß in einem praktischen Würfel zu hausen. Die mennonitischen Gründerväter hätten dergleichen vermutlich als Hoffart betrachtet. Ihre Kindeskinder hatten dem Verputz große Mengen Glassplitter beigemischt. Das war nicht nur der ewige Mangel an Baustoffen. Das war das Aufglitzern dessen, was wir emphatisch Kultur nennen oder bescheidener Kunst am Bau, erzeugt von ein paar Hundert zerschlagenen Bierflaschen.

«Ihr seid der zweite Deutsche, der zu uns kommt. Ich meine, der zweite aus Fergee.» Wie alle hier, benutzten meine Gastgeber die ältere Höflichkeitsform und das zu einem neuen Wort abgeschliffene russische Kürzel für Deutschland, FRG, wenn sie von dem Land sprachen, in das nun immer mehr von ihnen auswandern wollten – «ausfahren», sagten sie. Überhaupt, die Sprache. Es hatte lebendige Beziehungen zum alten Reich gegeben. In Deutschland ausgebildete Pfarrer waren an die Wolga gegangen, und von dort waren Brüder nach Deutschland gereist, nach Holland, Amerika, in die Schweiz. Die Revolution hatte dem ein Ende gemacht. Nach siebzigjähriger totaler Isolation von jeder Entwicklung dort draußen drangen nun wieder Nachrichten zu ihnen – seltsame, märchenhafte, beunruhigende. Sie spürten, daß dort in der Welt und auch in dem, was sie mitunter «das Reich» nannten – nicht aus Ressentiment, sondern einfach, weil es zu der Zeit, als ihre Urgroßväter es so genannt hatten, so geheißen hatte –, daß also dort draußen anders gedacht, anders gelebt, anders gesprochen wurde als in dem Deutschland, das ihnen ihre Lieder von Gott und den Sternen und ihre plattdeutschen Erzählungen von Schnee, Weihnacht und Tannenwäldern bewahrt hatte.

Der erste Deutsche, der hier gewesen war, hatte sich gewundert: «Ihr redet ja wie meine Urgroßeltern.» Auch ich hatte mein Déjà-écouté, jeden Tag. Wem in Orlowka die Tränen kamen, der mußte, wie im neunzehnten Jahrhundert, greinen. Die Hinkel waren seine Hühner, und zum neudeutschen «geil» wären ihm nur seine groß geschriebenen Geil eingefallen, seine Gäule also. Abnehmen lassen wollte sich einer und meinte photographieren. So hatten auch die alten Leute meiner Kindheit gesagt. Kein schlechtes Wort für einen Vorgang, von dem sture Primitive noch immer glauben, er raube ihnen etwas, das in den Augen des Räubers nicht einmal existiert. Die nichttechnische Phantasie macht sich einen Abzug vom vertrauten Bild der Maske, die dem Toten abgenommen wird. Porträtphotos waren begehrte Geschenke im Dorf, und die Dörfler waren durchweg begabte Modelle, was daran lag, daß sie vor der Kamera nichts von dem taten, was Modelle tun.

Das Dorf saß auf Koffern, und ich war der einzig greifbare Zeuge dessen, wohin sie, wie widerstrebend auch immer, strebten. Eine Frau, auch sie auf dem Sprung nach Deutschland – das Hin und Her zwischen Hoffen und Bangen stand ihr ins Gesicht geschrieben –, nahm mich zur Seite: «Und wie sind die Deutschen bei euch? Lebensfreudig auch? Oder nicht?» Es war ein sanftes, aber hartnäckig verfolgtes Spiel, dem ich mich entzog, indem ich ihnen zuhörte und zusah und mit dem Notizbuch herumlief. Doch sie drängten mich immer wieder ins Spiel hinein und stellten mir ihre ernsten, großen Kinderfragen nach einem Land, von dem ich wußte und von dem sie ahnten, daß sie es sich unmöglich vorstellen konnten. Wie sollte ich einem, der in einem Hochtal in den Ausläufern des Tienschan den Traktorenpark der Kolchose «Rote Sonne» wartet, die Rubel verwaltet, die Kinder verwahrt oder die Tiere verarztet, erklären, was das war, wo ich herkam, und wie es ihm dort ergehen würde? Aber im Grunde war es egal, aufhalten ließ sich doch keiner.

Die Nachbarin meiner Gastfamilie zeigte mir den Brief, den ihr neulich das KGB geschrieben hatte. Nach jahrzehntelangem Betteln gab man ihr jetzt Auskunft über das Schicksal ihres vor fünfzig Jahren verschleppten Vaters: «Sehr geehrte Elsa Abramowna! Ihr Vater Bolt, Abram, 1904 geboren auf dem Gut Lisinow im Gebiet Omsk, Deutscher, parteilos, ohne Ausbildung, wurde am 13. September 1942 als Volksfeind verhaftet. Nach dem Gesetz 58-2, 58-10, Tsch. P. 58-II der Ukrainischen Sozialistischen Sowjetrepublik wurde er als Konterrevolutionär gegen die Sowjetmacht und wegen staatsfeindlicher Agitation unter den Sowjetdeutschen gefangengehalten. Vom NKWD wurde am 17. Februar 1943 entschieden, den Bolt, Abram, zu zehn Jahren Lager zu verurteilen. Am 4. April 1943 starb er in Tscheljabinsk. Todesursache und Begräbnisort können nicht mehr festgestellt werden. Das Kriegsgericht hat ihn am 30. November 1956 rehabilitiert. Gezeichnet: Der Vorsitzende des Ukrainischen KGB.»

Dem Brief beigefügt waren ein Totenschein und das Photo des Vaters aus den KGB-Akten. Der Totenschein war die Voraussetzung für die Ausreise seiner in Rente stehenden Tochter. Elsa Giesbrecht mußte den Behörden den Verbleib ihres Vaters, den diese verschleppt hatten, nachweisen, nicht umgekehrt. David, ihr Mann, hatte noch keine Nachricht von seinen Toten: Vater, Mutter, Bruder. David hatte man ins Waisenhaus gesteckt. Von seiner zwölfköpfigen Familie überlebten drei die mörderische Trudarmija, die Armee der Zwangsarbeiter.

Später in Deutschland schilderte mir ein ehemaliger Lehrer aus dem Talas-Tal seine Zeit im Lager. Im Ural war in den zwanziger Jahren ein großes Gebiet unter strengen Naturschutz gestellt worden. Der Mensch hatte keinen Zutritt, allenfalls Förster durften hinein. Der zuständige Volkskommissar muß entweder einen Hang zur Romantik gehabt haben oder eine schwarze Vision. Er taufte das Gebiet: Zone des ewigen Schweigens, und die Gulag-Leute, die es gut zehn Jahre darauf übernahmen, behielten den Namen bei. Als der zweiundzwanzigjährige Otto Hertel am 14. Juni 1942 in die Zone geführt wurde, sah er die Namenstafel am Eingang. Das Naturschutzgebiet war jetzt ein Lager. Hertel sah die Wachtürme an allen Ecken des Lagers, die Wachen mit ihren Maschinenpistolen und den dreifach gestaffelten Stacheldraht. Der Boden zwischen den drei Zäunen wurde jeden Morgen frisch geharkt, der Fluchtspuren wegen, wie später der Sand zwischen innerer und äußerer Berliner Mauer. In jeder Baracke hausten etwa zweihundertzwanzig Gefangene. Die Neuen mußten zum Appell antreten, und der Kommandant inspizierte sie. «Wir vernichten die Faschisten, wie an der Front, so im Hinterland. Habt ihr verstanden?» Er holte einen Zettel hervor. «Die Arbeitsmobilisierten Müller, Wall, Martens werden wegen Fluchtversuchs zum Tode verurteilt. Vollstreckung heute abend. Die Arbeitsmobilisierten Janzen, Steinhauer, Riemer werden wegen Sabotage durch Selbstverstümmelung zum Tode verurteilt. Vollstreckung heute abend. Habt ihr mich jetzt verstanden?»

Es war Krieg, die Kriegsindustrie brauchte Brennstoff, und die Sträflinge hatten das ehemalige Naturschutzgebiet abzuholzen. Die Arbeit dauerte zehn bis zwölf Stunden täglich. Je-

der hatte in dieser Zeit mit Beil und Handsäge sieben Kubik-
meter Holz zu fällen, zu entästen und nach Vorgaben zu zer-
kleinern. Zu essen gab es eine Fischsuppe, die aus Fischköpfen
bereitet wurde, in denen sich, wenn sie nicht frisch sind, das
Leichengift konzentriert. Meist waren sie nicht frisch. Viele,
die von der Suppe aßen, wurden krank. Krank zu werden
oder einen Unfall zu haben war aber lebensgefährlich. Es
wurde als Sabotage behandelt und mit Erschießen geahndet.
Allerdings starb nur eine Minderheit durch die Kugel, die
meisten wurden durch Arbeit vernichtet, durch Hunger und
Schwäche. Im Winter, wenn die Erde gefroren war, fuhr jeden
Morgen ein Schlitten die Leichen der letzten Nacht in den
Wald. Man warf sie auf einen Haufen und verscharrte, was
Hunde und Wölfe übriggelassen hatten, im nächsten Sommer.

Unter den knapp fünfhundert deutschen Familien von Orlowka – eine Zahl, die beinahe täglich schmolz – war keine,
die nicht ihre umgebrachten Väter, Brüder, Söhne, Töchter
hätte aufzählen können, oft die Mehrzahl der Angehörigen.
In den späten Dreißigern, Jahre vor dem Krieg, hatte der Terror eingesetzt, vorerst gegen Kulaken – Bauern, die es zu ge-
wissem Wohlstand gebracht hatten – und nationale Minder-
heiten. Wer als tüchtiger Bauer die Erwartung erfüllte, die
Rußland in ihn gesetzt hatte, als es die Deutschen ins Land
holte, geriet also gleich zweifach ins Visier des Terrors. Der
Kriegsbeginn gab dann den Vorwand für die radikale Deportation. Unter dem bizarren Vorwurf, sie hielten in ihrer Mitte Tausende und Abertausende Spione und Diversanten ver-
borgen, befahl der Oberste Sowjet 1941 die Deportation der
Wolgadeutschen nach Sibirien und Kasachstan. Spione und
Diversanten: So hieß der Passepartout des sowjetischen Terrors. Wer von den Viehwaggons nach Kasachstan gebracht
wurde, hatte die Chance, die nächsten zehn, fünfzehn Jahre in
einer Erdhütte in der Steppe zu überleben. Sibirien kam dem
Todesurteil gleich.

Ein Jahr später setzte die totale Mobilisierung der Arbeitsarmee ein. Jungen ab fünfzehn, Mädchen ab sechzehn gingen in die Zwangsarbeit, in die Lager. Drei Jahre nach dem Krieg kam ein neuer Erlaß: Kalmücken, Letten, Deutsche und andere Völker wurden für ausgesiedelt erklärt – auf ewig. Wer den Ort, in den er deportiert worden war, verließ, riskierte weitere zwanzig Jahre Zwangsarbeit. Den Deutschen von Orlowka war es bis 1956 verboten, ihr Dorf zu verlassen. Wer ein paar Kilometer außerhalb aufgegriffen wurde, war ein Fall für die Miliz, und wer das Pech hatte, von seinen Eltern in besseren Zeiten auf den Namen Fritz, Frieder oder Friedrich getauft worden zu sein, war gestraft fürs Leben. Die Volkserziehung benutzte die Namen als Synonym für: Faschist. Viele verleugneten ihre Herkunft und Sprache. Aber das Reich war riesig, und Papier war geduldig. Manchem gelang es, die Identität zu wechseln, alles abzuleugnen, alle Brücken hinter sich niederzureißen und als Russe ein geachteter Agrarwissenschaftler oder Flugzeugkonstrukteur zu werden. Als 1991 nahe der kirgisischen Hauptstadt ein Massengrab entdeckt wurde, eines von vielen aus den Jahren 1937/38, fand man darin neben vielen verschwundenen Deutschen aus dem Talas-Tal die Überreste des Vaters von Tschingis Aitmatow, dem kirgisischen Schriftsteller. Auch er stammte vom Talas.

In Zeiten der Emigration ist die Habe der Emigranten billig zu haben. Mit jedem Schild «prodajotsa dom», Haus zu verkaufen, verfiel der Preis ihrer guten, soliden Häuser noch mehr, und die Kirgisen nutzten und schürten die Baisse und kauften sie billig auf. Entsprechend war die Stimmung zwischen ihnen und den ausfahrenden Deutschen: Der Spott der einen war die Bitternis der anderen. Es gab aber auch Kirgisen, ältere meist, die den Auszug und die Entfremdung bedauerten und ihre deutschen Nachbarn dies wissen ließen. Manche der neuen Hausbesitzer zeigten eine deutliche Reserve gegenüber dem Leben in Häusern. Vergleichbar deutschen Familien der fünfziger Jahre, die es nicht fertigbrachten, ihre schönen neuen Wohnzimmer zu bewohnen, schonten sie das Haus und schlugen im Hof davor ihre vertraute Jurte auf. In einem anderen Hof saßen die Frauen auf ihrem traditionellen Sitzpodest, ein paar Häuser weiter auf Teppichen, die sie im Freien ausgelegt hatten.

Hinter den Bergen, in Osch und Fergana, hatte es Schüsse und Tote gegeben, aber das war eine Sache zwischen Kirgisen und Usbeken, die alte Aversion zwischen mongolisch-nomadischer und persisch-städtischer Mentalität. Ein neuer Nationalstaat formierte sich, mit den üblichen Überspanntheiten und pubertären Streichen, die manchmal blutig sind. Durch Orlowka war eines Nachts ein Trupp junger Kirgisen zu Pferde geprescht und hatte Parolen gerufen, und eines Tages brannte der Friedhof der Deutschen, eines Morgens fanden sie ihr Gebetshaus beschmiert. Sie sahen sich aus leitenden Kolchosfunktionen und aus staatlichen Berufen verdrängt, ihre Kinder wurden gelegentlich auf dem Schulweg verprügelt. Verglichen mit den Exzessen der Stalinzeit, war also in Orlowka nichts wirklich Schlimmes passiert. Ältere Kirgisen bedauerten solche Vorfälle und genierten sich für ihre Jungen, die nicht mehr wußten, was sich gehört. Und daß sie nun auf den Ämtern, und manchmal sogar im Kolchosladen, Kirgisisch sprechen sollten, fanden die Deutschen eher albern: Das sprachen die meisten von ihnen ohnehin. Schon ihre Großeltern hatten besser Kirgisisch als Russisch gesprochen. Das galt umgekehrt auch. Noch lange nach dem Krieg konnte man am Talas ältere Kirgisen mit ihren hellhäutigen Nachbarn flüssig in deren Sprache plaudern hören: niederdeutsches Platt.

Auch die Deutschen hingen an diesem heißen, trockenen Land, und die gegenwärtigen Spannungen deckten einen langen Frieden zu, eine eher seltene ethnische Harmonie. Die Blonden russischer und deutscher Nation, die keineswegs alle blond waren, sondern mitunter selbst ziemlich dunkel, hatten dasselbe umgangssprachliche Wort für die Kirgisen: «tschornije», die Schwarzen oder das schwarze Volk. Es meinte die Haarfarbe und den Teint, der einen Hauch dunkler war als der anderer mittelasiatischer Völker. Es war ein Wort von der Grenze, wie Rothaut und Bleichgesicht. Jetzt, angesichts der jüngsten Übergriffe, stieg der Anteil der Bitterstoffe darin, die Sorge der Minderheit vor der herrischer als früher auftretenden Mehrheit drängte hinein, der Ausdruck wurde verhaltener. Aber eigentlich enthielt das Wort ein eher kindliches Staunen über die leibliche Fremdheit der Fremden als einen ethnischen Affront.

Das Verhältnis zu den Kirgisen war bis weit in unser Jahrhundert hinein gut, schließlich waren sie nicht als Kolonisatoren gekommen. Die Nomaden verkauften den Deutschen Vieh und kauften von ihnen Mehl, und die Deutschen schauten sich von den Kirgisen die Bewässerungstechnik ab, das System kleiner Kanäle, in die sie das Wasser der kalten Bergbäche leiteten. Den ersten Siedlern teilte der Staat acht bis achtzehn Desjatinen Land zu, das sind neun bis neunzehn Hektar, also nicht genug, um davon ohne Sorgen zu leben. Sie lösten das Problem, indem sie begannen, in Symbiose mit den Kirgisen zu wirtschaften, die als Nomaden und Hirten ihr Brotgetreide bis dahin von den seßhaften Russen gekauft hatten, selbst am Ackerbau nicht sehr interessiert waren und nun den Deutschen zusätzliches jungfräuliches Land zur Verfügung stellten. Die beackerten es und teilten den Ertrag mit den Kirgisen. Es gab regelrechte, auf Dauer angelegte Familienachsen, von denen beide Seiten etwas hatten. Als 1916 der Kirgisenaufstand gegen den Zaren begann, der nach der Revolution in den bewaffneten Kampf der Basmatschiken gegen die erneute Unterwerfung Mittelasiens durch die Bolschewiki hinüberwuchs, verhielten sich die Deutschen neutral. Immerhin waren sie von der Wolga gekommen, um dem Militärdienst zu entgehen, gleichwohl waren die Sympathien eher auf seiten der Kirgisen. Deren Widerstand aus den Bergen heraus hielt sich bis Mitte der zwanziger, der der Usbeken sogar bis in die dreißiger Jahre hinein, erst dann zogen sich die letzten Kämpfer auf die afghanische Seite des Pamir zurück. Die Mudjaheddin waren die geistigen Erben der Basmatschiken.

Die kirgisisch-deutschen Bauernsymbiosen hielten bis zur Kollektivierung und, wenigstens mental, noch lange danach. Als der junge Hertel in der Zone des ewigen Schweigens verschwand, wurde sein Vater erschossen und seine Mutter schwer krank. Sie überlebte, weil die verbündete kirgisische Familie, obgleich durch die Kollektivierung inzwischen selbst bettelarm, ihre Lebensmittel und ihr Viehfutter mit der Deutschen teilte.

Die Lager, die Systematik des Terrors, die Methoden der Vernichtung der Rußlanddeutschen sahen den Lagern, dem Terror und der Vernichtung, die zeitgleich das Deutsche Reich betrieb, zum Verwechseln ähnlich, aber eines war anders. Es gab keinen scharfen Schnitt. Stalin starb in seinem Bett, und alles, was es gab, war die Aufhebung einiger der wüstesten Dekrete. Man durfte wieder die Kreisstadt besuchen und die Hochschule auch. Das sowjetische System überlebte sich selbst und nötigte die, die es überlebt hatten, einfach dort weiterzumachen, wo sie vor dem Einsetzen des Großen Terrors aufgehört hatten, wenn auch unter noch immer entwürdigenden Umständen. Es rehabilitierte ein wenig, vor allem sich selbst.

Das Naturell der Deutschen kam dieser halben Kehre entgegen. So bedrückend sich das alles aufs Dorf gelegt hatte, so wenig wirkten die Martens und Otts und Jantzens wie schiere Opfer. Es war noch immer ihr Dorf, und ihre Kolchose lag mit dem Ertrag pro Hektar weit überm Durchschnitt und beim Reingewinn auch, obwohl man sie dreimal hintereinander mit halbbankrotten Betrieben zwangsvereinigt hatte, um sie zu drücken. Aber sie politisierten nicht. Ihre Politik war Arbeit, und die beherrschten sie gut. Arbeit, harte, ausdauernde Arbeit, die etwas wegräumt. Eine Sache, die man anfaßt, ganz machen, nicht halb. Mit den Hühnern aufstehen und einmal richtig zulangen, daß man am Abend sieht, was man getan hat. So waren sie. Es war ihre Art, den Unbilden der Welt zu begegnen.

Ein Mann kam von einer Reise in den Süden zurück. Er hatte die Sitzblockaden der Krimtataren gesehen, deren Schicksal dem der Rußlanddeutschen gleicht und die für ihre Rückkehr auf die Krim kämpften wie manche Deutschen für eine neue Wolgarepublik, und er berichtete davon. Sie hörten ihm interessiert zu. Einige nahmen das neue Wort in den Mund und probierten, wie es schmeckt: «Sitzblockade.» Nach einer Weile schüttelte eine Frau den Kopf. «Sich auf die Straße setzen und den Verkehr blockieren? Das tut der deutsche Mensch nicht.» Sie sagte es ruhig wie jemand, der sich die Sache überlegt. Es war an ihrem Tonfall nicht eindeutig abzulesen, was sie bedauerte: das Verkehrschaos auf der Krim oder den deutschen Menschen.

Vor Sonnenaufgang fuhr ich mit zwei Männern aus dem Dorf in die Berge. Wir hatten die Wahl zwischen zwei Bergtälern, dem Kara-Gojna und dem Kara-Gajna. Die Berge waren noch immer so etwas wie das Reservat derer, die einmal Nomaden gewesen waren. Erst nachdem ein bewaffneter Posten die Papiere meiner Begleiter kontrolliert hatte, hob sich der Schlagbaum, der übrigens im Russischen auch so heißt. Nur betonen die Russen statt des Schlages den Baum. Nach längerer Fahrt weitete sich das Kara-Gajna-Tal und gab den Blick frei auf ein paar Felder. Die nackten Bergketten links und rechts sahen in der Entfernung weich aus wie riesige Sanddünen. Wo etwas wuchs, war das Land von einem grünlichen Schimmer überhaucht. Die Sonne stieg, und wir machten

Picknick an einem klaren Fluß. Später begegneten wir kirgisischen Reitern, die eine dichte Schafherde trieben. Einer hatte ein fußlahmes Lamm vor sich über den Sattel gelegt wie ein Fell. Dann sahen wir lange niemanden. Als die Sonne am höchsten stand, tauchte in der staubigen Frontscheibe unseres Moskwitsch ein menschengemachter Kubus auf. Es war das Haus, in dem ein Kirgise mit seiner Frau, drei Söhnen und zwei Enkelkindern lebte.

Wir waren zu ihm gekommen, also seine Gäste. In kurzer Zeit hatte seine Frau im Sommerherd, der auf freiem Feld außerhalb des Hauses stand, Fladenbrot gebacken. Nach dem Essen fragte ich unseren Gastgeber, was er vom Auszug der Deutschen halte. Da zwei als seine Gäste auf seinem Teppich saßen, war an ein unbefangenes Gespräch nicht zu denken. Sein Sohn, er studierte in Alma-Ata, antwortete an Vaters Statt. «Sie haben in Moskau jetzt die nationale Frage aufgebracht. Das gab's früher nicht. Daher kommen die Spannungen.» Als Gastgeschenk wünschte sich der Hausherr ein Polaroid. Er ging zur Pferdekoppel, zog eine schwere graue Plane von einem Hügel, und der Hügel erwies sich als ein blankgeputzter giftgrüner Wolga. Den fuhr er vors Haus. Dann holte er zwei Pferde, eines für den ältesten Sohn, das andere bestieg er selbst und ließ sich den Enkel reichen. Nachdem er den anderen Familienmitgliedern ihre Plätze um sich und die Pferde und den Wolga herum zugewiesen hatte, gab er das Zeichen, den Auslöser zu drücken.

Als wir am Abend zurückkamen, fiel mir auf, wie leicht zu erkennen war, wo Deutsche wohnten. Die tadellos gemauerten Häuser, die gepflegten, gewässerten Blumenbeete davor, die blühenden Obstgärten. Ihre Gründerväter hatten das friesische Rind eingeführt, die rote deutsche Kuh und den englischen Eber, sie hatten Trakehner mit Steppenpferden gekreuzt und so lange mit Getreidesorten experimentiert, bis sie mehr hergaben, als bis dahin im Lande üblich. Um das leere

Land aufzubauen, waren sie schließlich geholt worden. Sie begnügten sich nicht damit, die ihnen angewiesenen Felder zu bestellen. An der Wolga entstanden Hochschulen, Theater, Verlage, Zeitungen, Ziegeleien, Landmaschinenfabriken, agrartechnische Versuchsstationen, und in Russisch-Turkestan betätigten sich Deutsche als Schulgründer, Ethnologen, Forschungsreisende, Erfinder. Der Sprachforscher Wilhelm Barthold gründete die Universität Taschkent und entwarf den schriftlosen Turkvölkern Schriften. Hermann Epp führte neue Obstbäume in Mittelasien ein und legte den großen Park in Alma-Ata an. Und Theodor Gerzen aus Orlowka illustrierte das kirgisische Nationalepos vom Helden Manas, das bis in dieses Jahrhundert hinein nur mündlich überliefert wurde. Dann schrieb es jemand auf, nach der Erzählung eines alten Kirgisen, der 1931 starb. Vierzig Jahre lag der Text in einem Archiv begraben, bis ihn Gerzen in acht Jahren in 192 Linolplatten schnitt.

Die Sache mit den Kirgisen ging ihnen nahe. Der alte Gomer, ein pensionierter Lehrer, führte mich, während sein Leben ihm in Containern voraus ins Kaliningrader Gebiet fuhr, durch sein besenreines Haus. Übermorgen würde er sein verkauftes Haus abschließen, in sein Auto steigen und durch halb Asien und ganz Rußland dorthin fahren, wo seine Vorfahren vor langer Zeit hergekommen waren: nach Preußen, allerdings in den östlichen, nunmehr russischen Teil. Das also war das Resultat einer zweihundertjährigen Wanderung: zurück auf die Nullposition. Er war sehr niedergeschlagen, seine Frau bekam kein Wort heraus, nur eruptive Tränen. Er hatte von einem alten Lehrerkollegen Abschied genommen, einem Kirgisen, der ihm wünschte, es möge ihm gutgehen in Ostpreußen. «Hätte er nicht sagen können: Es ist schade, daß du gehst. Bleib doch hier.»

Am Tage bevor sie ihre lange Reise nach Fernwest antraten, aus der Sommerhitze ihres verheißenen Landes ans kalte baltische Meer, versammelten die Gomers ihre Familie zum Abschiedsmahl unter der großen Kiefer im Hof. Wie ein Zeichen seiner Würde hing der schwarze Hut des Patriarchen hoch über seinem Kopf an einem Nagel am türkis gestrichenen Hoftor. Kerzengerade und zugeknöpft bis an den Hals, saß der alte Lehrer in der Mitte seiner großen Familie, seiner Töchtermänner, Kinder und Enkelkinder und teilte das Brot aus. Die Szene hatte etwas Sizilianisches, und sie wiederholte sich beinahe jeden Tag, denn es wäre nicht recht gewesen von den Rieslings oder den Gomers, den fremden Deutschen ganz für sich zu behalten. Das Sizilianische war das Bild für einen Verlust, der dem Gast geläufig war und den diese Leute noch vor sich hatten. Auf ihren langen Tischen im Freien lebte die kirgisische Symbiose, die jenseits der Hoftore gerade in Trümmer ging, noch eine Weile fort. Deutscher Apfelstrudel und Palau, ein Reisgericht mit Öl und Schaffleisch, naturalisierte schwäbische Maultaschen und in Öl eingedeutschte Auberginen, hessische Kreppeln und russische Krautsuppe und die rötesten, aromatischsten Tomaten zwischen dem Rhonedelta und Wladiwostok. Kasachischer Cognac, das russische Wässerchen, Bier aus einer deutschen Brauerei im Altai und Selbstgebrannter aus dem Tal des Talas.

Als ich heimging, schien der Mond auf die Kolchosherden, die Nachfahren der schwarzbunten Friesenkuh, auf die Berge, die im Tageslicht die Farbe grüner Oliven hatten, auf das Denkmal für die deutschen Toten der Trudarmija, das einzige seiner Art weit und breit, und auf das Klavier in dem Zimmer, in dem ich schlief. Es war nichts Besonderes, ein schlichtes Stück aus irgendeiner sowjetischen Fabrik, helles Furnier, ein Gegenstand täglichen Gebrauchs. Als ich im Dorf herumkam, entdeckte ich, daß das Klavier in meinem Zimmer keine Ausnahme war. Orlowka war voller Klaviere, und sie wurden gespielt. Die Männer mit ihren sonnenverbrannten Hälsen und Nacken und ihre Frauen mit ihren von Dornen und Mücken zerstochenen muskulösen Beinen, mit ihren abgebrochenen Fingernägeln sahen darauf, daß wenigstens die Tochter spielte. Ganz sicher hatten nur die wenigsten der ersten Siedler Klaviere mitgeschleppt, aus Westpreußen an die Wolga und von der Wolga an den Talas. Sie hatten den Platz in ihren Planwagen für Werkzeug gebraucht, für die großen Familien, für Saatgut. Platz für Klaviere war nur in ihren Gedanken gewesen.

Die große Schwärmerei an der Wolga

Die Dinge im Dorf standen kopf. Jene, die von sich selbst sagten, sie seien halbe Russen geworden, und das sagten eigentlich alle, wollten fort aus dem Land, das sie gewaltsam assimiliert hatte. Einer wollte nicht fort. Ausgerechnet der, der ihren Gründervätern mit ihrer leicht entflammbaren Lust, alles stehen- und liegenzulassen und fortzugehen, weit fort, am ähnlichsten geblieben war, innerlich und äußerlich. Früh, wenn alles rein und klar war im neuen Licht, oder abends, wenn es sich vollgesogen hatte mit dem Staub der Tage und Schatten auf die verbrannte Erde warf, konnte man draußen in den Hügeln oder unten am Fluß eine hohe, hagere, irgendwie friesische, irgendwie impressionistische Gestalt sehen, im hellen, cremefarbenen Anzug, mit blaßblauem Strohhut: Theodor Gerzen, den Maler von Orlowka, Vater des jüngeren Theodor, der den Kirgisen ihr Epos in Bildern erzählt hatte.

Ein mennonitischer Maler ist ein malender Bilderstürmer ist eine Unmöglichkeit. Den Wiedertäufern, die nur das Wort stehenlassen wollten, den Logos, waren Bilder, war das katholische Imitatio das Medium der Papisten, der Zerrspiegel eines dekadenten, verrotteten Irrglaubens, den jene dem Volk und zugleich sich selbst als Narrenspiegel vorhielten, um sich als

Kirchenfürsten in ihrer kardinalsroten, goldprunkenden Eitelkeit zu betrachten. Aber Bilderstürmer sind auch nur Menschen, und als der Sturm sich legte und die Verfolgung der Anhänger des Menno Simons in den Niederlanden nachließ, begannen die holländischen Maler auch für sie, die nicht selten reich waren und ein standesgemäßes Porträt zu schätzen wußten, zu arbeiten. Rembrandt hat mehrere von ihnen gemalt, sein Kunsthändler war Mennonit. In einem Entwurf für das Doppelporträt des Amsterdamer Tuchhändlers und Täuferpredigers Cornelis Claesz Anslo lehnt ein Bild verkehrt herum an der Wand: dezenter Hinweis auf den beabsichtigten keuschen Umgang mit dem eigenen Porträt. Der reiche Handelsherr Anslo läßt sich malen mit seiner Frau, aber der gute Taufgesinnte Anslo hängt das Porträt nicht auf.

Der alte Gerzen lebte in einem Haus voller Bilder. Er löste das Problem anders als Anslo. Er malte – mit ganz wenigen Ausnahmen: der Sohn, die Mutter – erst gar keine Menschen. Seine Bilder, die die Wände seines selbstgebauten Hauses beinahe ganz zudeckten, zeigten die Landschaft, in der er seit 1928 lebte und die er liebte: die Berge, die Steppe, die Jurten, das weiße und das rote Licht. Als Junge war er mit seinen Eltern aus der Ukraine nach Orlow gekommen. «Es gab richtige Tannen und kalte, klare Bergflüsse. Wir dachten, es sei das Paradies.»

Wir standen am Ufer des Urmaralflusses, und der Maler, der den Menschen und ihrer Liebe zu Bildern nicht traute und das Land einen entscheidenden Pinselstrich mehr liebte als seine Bewohner, ärgerte sich über sein Dorf. «Warum muß ich unbedingt nach Deutschland fahren? Ich sehe keinen Grund. Sie sagen: Ich will ein Auto kaufen. Kleider. Essen. Ein Haus. Na, hast du kein Haus, keine Kleider, kein Auto? Sie sagen: Ich will deutsch reden. Na, dann red doch deutsch. Ich rede hochdeutsch und platt. Und holländisch, die Mennonitensprache. Und russisch. Und kirgisisch. Was soll ich in

Deutschland? Ich habe mein Leben hier gelebt. Meine Freunde sind Deutsche, Russen, Kirgisen. Soll ich jetzt sagen: Das sind keine Menschen, die sind weniger wert?»

Einer der Ältesten im Dorf war Heinrich Pauls, Jahrgang 1904, ein kleiner, freundlicher Mann mit beträchtlichem Schnurrbart und ebensolchem Gedächtnis. Er war der Dorfchronist, und seine Chronik war ein Stapel Schulhefte, in die er die Tage eintrug, die guten und die schlechten; daneben schrieb er in knappen Stichworten, was sie gebracht hatten. Er las mir die Namen der Familien vor, die vor genau hundert Jahren, 1890, Orloff als fünftes und letztes der deutschen Dörfer am Talas gegründet hatten. «Spät. Quiering. Martens. Ott. Gomer. Wulf. Dück. Steinhauer. Müller. Kraus. Hart. Jantzen.» Im friesischen Klang der Namen hallte ihr Herkommen nach, die Reformation, die Glaubenskämpfe des 16. Jahrhunderts, die Predigt ihres Reformators, des abtrünnigen katholischen Priesters und Täufers Menno Simons, und ihre Wirkungen in Friesland, der Schweiz und am Niederrhein. Einen der Gründer von Orloff, Hermann Jantzen junior, hatte der Chronist noch gekannt. «Die Jantzens waren alle Musikanten und führten ein offenes Haus. Jeder sang und spielte irgendein Instrument. Wenn ich zu ihnen kam, gab es immer Musik und Spaß.»

Jantzen war eine Berühmtheit in Mittelasien gewesen, hatte viele Abenteuer erlebt, sich zum Beispiel als Tatare verkleidet, trotz seiner blauen Augen, in das Zelt des Führers aufständischer Moslems begeben und mit dem so erlangten Wissen den Aufstand verhindert. Die Bolschewiki dankten ihm seine alte russische Loyalität nicht, und mancher kirgisische Freund war über Nacht Kommunist geworden und brachte Jantzen ins Gefängnis. Er ging mehrmals hinein und kam wunderbarerweise immer wieder heraus. «Als der rote Reitergeneral Budjonny» – derselbe, dessen wüste wolhynische Kampagne ein Teilnehmer, der Dichter Isaak Babel, beschrieben hat – «ganze

Dörfer niedermachte, nur auf den Verdacht hin, dort gebe es Gegner, als im Gefängnis von Dschambul jede Nacht Kulaken erschossen wurden, da hat auch Jantzen dreimal vor dem Revolver gestanden.»

Er entkam jedesmal. Als seine Lage unhaltbar wurde, floh er in einem revolutionären Sonderzug nach Moskau und weiter nach Berlin, unerkannt, mit Familie und zwei seiner Kühe. Dieser abenteuerliche Hermann hatte viele Sprachen gesprochen; der alte Pauls in seiner blauen Drillichjacke zählte auf: «Russisch, Tatarisch, Deutsch, Holländisch, Kirgisisch, Persisch, Usbekisch ...»

Rahman Bei hieß der unaussprechliche Hermann bei den Kirgisen, Jaman Aga am Hofe des Khans von Chiwa, dessen erster Dolmetscher er war, bevor er als Oberförster von Turkestan in russische Dienste trat, wofür er als Staatsdiener aus der Gemeinde ausgeschlossen wurde, und endlich, nach einem Gotteserlebnis, das Weltliche segnete und die Kirgisen, die er bis dahin als Räuber und Betrüger verachtet hatte, so sehr lieben lernte, daß er beschloß, sie zu missionieren und sich nun ganz in Orloff niederzulassen. Dieser Hermann war dreizehn, als sein Vater, was er besaß, verkaufte. Und das war viel: Land und Hof, das gesamte Vieh, den größten Teil seiner beweglichen Habe – drei große Vollwirtschaften alles in allem. Das geschah im Winter 1879, tausende Kilometer weiter westlich, im Dorfe Hahnsau. Hahnsau am Salztrakt. Seit Preußen nach 1848 die allgemeine Wehrpflicht durchgesetzt hatte, zogen von dort, von 1854 bis gegen Ende der siebziger Jahre, Mennoniten, die jeden Staatsdienst verweigerten, nach Rußland aus. Und weil die Siedler ihre neuen Dörfer an der alten Salzhandelspiste nahe der Wolga aufreihten, hieß bald ihre ganze Kolonie: «Am Trakt».

Und obgleich viele eben erst eingewandert und ihre Höfe und Dörfer erst halb fertig waren, gärte es schon wieder in ihnen: weiter, nur weiter weg von der Welt, näher zu Dir, mein Gott, Dir entgegen – tiefer nach Osten. Die Idee lag in der Luft. Es fehlte nur der Funke, die leicht entflammbaren Geister in Brand zu setzen. Dieser Funke war Ohm Klaas, und Ohm Klaas war Hermanns Onkel Klaas Epp. Die Propheten und Apokalypsen der Heiligen Schrift – Jesaja, Daniel, die Offenbarung des Johannes – gewannen große Dringlichkeit in den Abendandachten am Trakt. Und wiesen sie einem, las man nur richtig, nicht ebenso klar den Weg wie Kompaß und Sterne?

Das Befragen der Heiligen Schrift hatte ein irdisches, ein lokalisierbares Ziel: den der kleinen Gemeinde der Rechtgläubigen verheißenen Bergungsort inmitten einer widerwärtigen Welt. Der Herr hatte ihn durch einen Engel seinem Knecht Johannes in einer Vision kundgetan, damit er ihn seiner geliebten Gemeinde weitersage, derjenigen in der römischen Provinz Asia, die nicht abgefallen war und nicht lau wie andere: Philadelphia. Dieses Wort ging um: Philadelphia. Mit Philadelphia sahen die Taufgesinnten an der Wolga, wenn sie es recht bedachten, sich selbst gemeint. Der verheißene Ausweg aus der Welt der Weltmenschen, das war ihr Weg: «Ich weiß deine Werke. Siehe, ich habe bewirkt, daß vor dir eine Tür offensteht, die niemand schließen kann; denn du hast geringe Kraft und hast mein Wort bewahrt und meinen Namen nicht verleugnet.»

Diese Prophetie hatte sie begleitet seit Menno Simons Tagen. Ihre Vorfahren, die sich buchstäblich an das Wort Gottes, von Staat und Kirche aber fern hielten, hatten auf ihrem Weg durch die Jahrhunderte im letzten Moment stets eine Tür offen gefunden – von Friesland nach Westpreußen, von dort nach Rußland. Jedesmal, wenn die Fürsten der Welt sie drängten, die frommen Regeln fahrenzulassen und für sie im Krieg zu töten und ihnen für ihre Hoffart Geld zu geben. Diese Erfahrung von Generationen war sehr stark und plausibel. Sie war das schwer erschütterbare Fundament ihrer fragilen Existenz in einer Welt, die sie immer nur eine Weile duldete, solange sie als tüchtige Siedler im Grenzland von Nutzen waren, aber bei nächster Gelegenheit alle Zusagen vergaß und alle Sonderrechte bedenkenlos wieder abschaffte. So sah es auch jetzt wieder aus. Hundert Jahre nachdem Katharina die deutschen Kolonisten nach Rußland geholt, ihnen Land, Steuer- und Religionsfreiheit garantiert und ihre Söhne vom Kriegsdienst freigestellt hatte – auf ewig, wie es hieß –, hob der gegenwärtige Zar die Privilegien wieder auf. Zum erstenmal bestand Gefahr, daß ihre Söhne zum Militär mußten, doch auch diesmal würde der Herr ihnen eine Tür aufstoßen und sie an einen sicheren Ort führen. Philadelphia würde vorangehen, trotz seiner geringen Kraft, aber andere würden folgen, um zu erkennen, was dem Johannes geoffenbart wurde: «Daß Gott uns geliebt hat.»

Eine Zeitlang war unter ihnen der Kaukasus im Gespräch, aber das war mehr der Versuch, dem Kind einen Namen zu geben. Bis jetzt war es allegorisch gewesen, ein inwendiges Ausschwärmen. Noch hatte niemand die Kühnheit, das Wort Gottes zu lesen wie eine Straßenkarte und die dunklen Weissagungen seiner Propheten mit fester Hand neu zu schreiben, daß sie deutlicher sprachen, mit einem Wort: selber Prophet zu sein. An sich war Klaas Epp – das bezeugt der Dorflehrer Franz Bartsch, der den Großen Auszug nach Mittelasien mitmachte und das Eppsche Fieber so lange in sich trug, daß er sich erst zwanzig Jahre später in der Lage sah, einigermaßen geläutert seine Erinnerungen niederzuschreiben –, an sich war Ohm Epp «ein gefälliger, guter Dorfnachbar, ein gemütlicher Unterhalter, in seiner Ausdrucksweise überzeugend, ferner ein tüchtiger Landwirt und, wo es Gelegenheit gab, kein ungeschickter Spekulant, sowohl für sich als auch für andere, wie seine Landkäufe bewiesen haben».

Wer nicht die Mittel oder nicht das Geschick besaß, das ihm zugeteilte Land zu bewirtschaften, dem kaufte Onkel Epp es ab. Bald war er der größte Grundbesitzer im Kreis und – schließlich mußten ganze Dörfer gebaut werden – der erste Ziegeleibesitzer dazu. Doch Klaas Epp lag wenig daran, das biedere, Turgenjewsche, gelegentlich von Reisen in die nächsten Städte, nach Saratow oder Samara, unterbrochene Leben eines zu Reichtum und Ansehen gelangten Landbesitzers in Rußland zu führen. Bis jetzt hatte er in Rubel und Kopeken gerechnet. Nun rechnete er das Jahr der Wiederkunft Christi aus. Seine Rechnung legte die Zerstörung des Tempels in Jerusalem im Jahre 70 zugrunde, gelangte für das hierauf folgende heilsgeschichtliche Zeitalter zu der Zahl 1810 – so viele Jahre müsse der Tempel wüst liegen – und kam durch einfache Addition beider Zahlen auf das Jahr 1880, welches den praktischen Vorteil hatte, soeben anzubrechen. Dieses Jahr werde man daran erkennen, daß zunächst die Zerstreuung der Juden ihr Ende fände, was wiederum das in der Bibel genannte Zeichen sei, daß nun die Endzeit anbräche, das Gottesgericht. Kurzum, Christi Wiederkunft stehe unmittelbar bevor, und zwar, wie er weiter errechnete, 1887. Sieben Jahre also gab Klaas Epp dem Herrn.

In den Dörfern am Salztrakt neigte man dazu, den eigenen Alltag zu deuten wie andere die Sterne. Parallelen zu den Erzählungen und Prophetien der Bibel wurden gesucht und gefunden. Das eigene kleine Leben, ins starke biblische Licht gesetzt, warf größere, heilsgeschichtliche Schatten. Klaas Epp machte ein System daraus und ein Buch. Auch Großereignisse wie die Französische Revolution, das Auftreten des ersten und des dritten Napoleon und die Revolution von 1848 deutete er in den Bildern der Offenbarung Johanni. Ihr Tier war im Sturm auf die Bastille erschienen, dessen fünf Häupter waren das blutige Direktorium. 1848 erscholl die erste Posaune, die Macht der Groß- und Staatskirchen, von denen die mennonitischen Täufer sich absetzten, wurde erschüttert, die Macht des Tieres nahm zu. Seine Basiszahlen entnahm Epp den einschlägigen biblischen Weissagungen, wie andere Propheten auch. Der Versuch, das Weltende zu berechnen, war keineswegs eine mennonitische Spezialität. Offenbarungen und Geheimlehren waren gang und gäbe: im barocken Katholizismus, in den Ritualen der Freimaurer, in Mozarts Opern, in den esoterischen Spekulationen der Aufklärer, in der heiligen Algebra kabbalistischer Juden, in den Ahnungen und Geschichten russischer Gottsucher. In diesem Milieu fielen die frommen Rechner vom Trakt gar nicht weiter auf.

Bei einer Zugfahrt geriet ein Anhänger Epps mit zwei Rabbinern in ein Fachgespräch über dessen Berechnungen. Die Juden setzten ihm auseinander, daß Ohm Klaas' Basiszahl nicht ganz stimme. Jerusalem sei 72 zerstört worden und nicht 70. Der Mann berichtete Epp, was er gehört hatte, und Ohm Klaas übernahm kurzerhand die falsche Behauptung und korrigierte das Endzeitdatum auf 1889. Nun drehte sich alles darum, den Bergungsort, den Gott in der anbrechenden Endzeit einer kleinen Schar von Erwählten zugesagt hatte, zu finden. Klaas Epp war kühn genug, ein Datum zu nennen und ein konkretes Ziel. Die Nachricht vom bevorstehenden Militärdienst, die aus St. Petersburg in die endzeitliche Unruhe am Trakt platzte, gab ihr um so mehr Auftrieb und Epps Vision letzte Plausibilität.

Hatte er nicht genau diesen Zeitpunkt als das Jahr des Auszugs errechnet? Und siehe, es stimmte. Wer noch zweifelte, konnte sich vom Gang der Dinge selbst überzeugen lassen. Denn nicht nur die Bedrohung, auch der Philadelphia verheißene Ausweg stellte sich mit wunderbarer Leichtigkeit ein. Die Abordnung vom Trakt, als habe man sie erwartet, rannte in St. Petersburg lauter offene johannitische Türen ein. Einflußreiche Hofleute empfingen sie, und Baron Konstantin von Kaufmann, selbst deutscher Abstammung wie viele Offiziere und Beamte in russischen Diensten und erster Generalgouverneur von Russisch-Turkestan, der gerade jetzt in der

Hauptstadt war, rief die Täufer vom Trakt zu sich und bat nach der Audienz den Zaren, ihm diese Leute zur Ansiedlung in Mittelasien zu überlassen. Solcherart ermutigt, spalteten sich die Anhänger des Klaas Epp von der Mehrheitskirche am Trakt ab, die ihre schönen Höfe nicht verlassen und auf das staatliche Kompromißangebot eingehen wollte, die Söhne zum Forstdienst zu schicken statt zur Armee. Glich die Kirche nicht der Gemeinde Laodicea, von der es in der Offenbarung heißt: «O daß du kalt oder warm wärest! Weil du aber lau bist, und weder warm noch kalt, will ich dich ausspeien aus meinem Munde.» Die Reformatoren des 16. Jahrhunderts – Luther, Zwingli, Calvin, auch Simons und die Wiedertäufer – hatten, unterschiedlich radikal, die sieben katholischen Sakramente als magischen Hokuspokus abgetan und nur die Taufe und das Abendmahl beibehalten, aber ohne die katholische Gnadengarantie. Es scheint, daß die forcierte Frömmigkeit der Ausschwärmer nach forcierten Ausdrucksformen verlangte und sie trieb, die verbliebenen, entleerten Rituale desto heftiger und häufiger zu vollziehen. Sie tauften sich erneut, und das Abendmahl wurde beinahe alltäglich. Die neue Gemeinde um Epp ersetzte das weltliche «Sie» durch das geschwisterlich-endzeitliche «Du» und führte – der Bedarf nach Ritualen war groß – sogar ein neues ein: die Fußwaschung.

Der Auszug

Hermann Jantzen war gerade vierzehn geworden, als der erste Treck sich sammelte. Sein Vater führte den Zug an, und sein Lehrer Franz Bartsch war auch dabei. Am Montag, dem 30. Juni 1880, sollte es losgehen. Als Bartschs kleine Tochter in der Nacht vor dem Auszug schwer erkrankte, legte Klaas

Epp das Mitgefühl und die Weisheit an den Tag, deren er auch fähig war.

«Hier hat der Herr gesprochen. Mag er uns Klarheit geben, ob es nur für euch oder für die ganze Reisegesellschaft ein Aufenthalt sein soll. Sprich du mit dem Herrn, Bruder Bartsch, ich werde mit den Brüdern sprechen.» Bartsch fühlte sich leichter, und bald kam Epp zurück. «Die Brüder wollen warten. Es ist eine Probe der Geduld für das Ganze.» Das Kind starb, und Franz Bartsch verkaufte die Ziege, die sein Töchterchen unterwegs mit Milch versorgen sollte, und packte Vorräte in den Käfig, den er dem Tier hinten auf seinem Wagen gebaut hatte. Früh am Donnerstag wurde das Kind beerdigt. Eine große Menschenmenge war zusammengeströmt, um von den geradlinigen Brüdern Abschied zu nehmen. Gegen zehn Uhr setzte der Treck sich in Bewegung: zehn Familien – Ehepaare, unverheiratete Frauen, kriegsdiensttaugliche junge Männer, Kleinkinder, Greise – auf achtzehn Planwagen mit vierzig Pferden. Im ersten Nachtlager deutete Klaas Epp in seiner Predigt den Tod der Kleinen im Sinne des Propheten Jeremia: «Setze dir Grabzeichen und richte Totenmale auf, und richte dein Herz auf die gebahnte Straße.»

Seine Botschaft hieß: Brüder, werft Ballast ab! Laßt die Toten hinter euch und zieht die Straße, die der Herr euch weist. Hier bot sich Epp als Spiegel der Auszug der Juden aus Ägypten an. Doch tatsächlich hatte der Zug nach Mittelasien viel mehr Ähnlichkeit mit den Trecks, die zur gleichen Zeit auf der geschichtsabgewandten Seite der Weltkugel durch Indianerland zogen, nach Fernwest. Der Hausrat, der an den Wagen baumelte, die Andachten auf freier Steppe, die Angst vor Überfällen, die Warnung vor Tigern im Fort Dschulus, die Wagenburgen zur Nacht. Es ging an Kosakensiedlungen vorbei, letzten russischen Posten und Forts; bei Uralsk verließen sie das europäische Rußland, folgten eine Weile dem Fluß Ilek, passierten die hinter Erdwällen gelegene Steppenfestung

Aktjube, hielten sich südöstlich, auf den Aralsee zu, vorbei an einsamen Poststationen und immer öfter an kirgisischen Auls, nomadischen Wohnplätzen in der Steppe mit ihren Jurten, erreichten die Mündung des Syr-Darja am Ostufer des Aralsees, wanderten nun flußaufwärts am Syr-Darja entlang, strikt südöstlich durch Wüsten, Hitze und endlich Schnee, durch Tage des Hungers und der Auszehrung, durch Typhus, Durchfall und Ruhr, und lernten dabei Kirgisisch: «Die meisten Beschwerden machte uns das Wasser, das heißt der Wassermangel. Die Stationen waren vielfach nach der Zahl und Beschaffenheit ihrer Brunnen benannt: Utsch Kuduk, bisch Kuduk, kap Kuduk, kara Kuduk, kap kara Kuduk (drei Brunnen, fünf Brunnen, viele Brunnen, schwarzer Brunnen, ganz schwarzer Brunnen) sagten uns im voraus, womit wir zu rechnen hätten.»

Und sie lernten, ihren europäischen Ekel zu überwinden und Kumiß zu trinken, die gegorene Stutenmilch der Nomaden, ihren Samowar mit Kamelmist zu befeuern, die Qualitäten der Steppenpferde zu schätzen und bei ihren eigenen die Pferdemauke zu kurieren, indem sie die Tiere mit Schießpulver einrieben, welches sie als strenge Pazifisten ebensowenig bei sich führten wie Waffen und nur zu diesem tierärztlichen Zweck von polnischen Soldaten im Dienste des Zaren kauften.

Bei alledem blieb dem Chronisten immer noch Zeit, geologische, botanische, ethnologische Beobachtungen anzustellen, wobei er die Bezeichnung Kirgise als Sammelnamen für verschiedene Steppenvölker verwendete: «Unsere Reisewagen, schon von den Kosaken ihrer Einrichtung wegen bewundert, erregten das Staunen dieser Naturkinder noch mehr. Bei unserer ersten Annäherung an einen Aul wurden wir regelmäßig von einer Anzahl Hunde bellend empfangen, Frauen und Kinder aber flohen schreiend vor uns. Nachdem dann aber die Männer sich von der Friedlichkeit unserer Absichten überzeugt hatten, überwog auch bei den Frauen und Kindern bald die Neugierde die Furcht. Männer wie Frauen tragen weite Hosen, und darüber ein weites Oberkleid. Die Kopfbedeckung ist von Gegend zu Gegend verschieden. Zunächst wird der rasierte Kopf, wie bei allen Mohammedanern, mit einer kleinen Kappe bedeckt, dann aber tragen sie darüber teils eine Kapotte mit engem Kopfstück und breitem vor der Sonne wie vor der Kälte schützenden Rande, der über die Schultern fällt, teils, wie bei Taschkent, einen dreieckigen Filzhut. Der Kirgise ist Reiter von Natur, zu Fuß aber unbeholfen. Seine Speise ist Fleisch von jeder Art Vieh, das er züchtet. Da er im allgemeinen keinen Ackerbau treibt, sondern sich das Mehl von den Russen besorgt, so bäckt er kein eigentliches Brot, und die Mehlspeise, die er sich bereitet, sind die Baurßaki, in siedendem Fett gebacken. Sein Getränk ist Kumiß, Pferdemilch, die er in einem ledernen Beutel, gewöhnlich einem aus gegerbtem Ziegenfell, gären läßt und womit wir bei unseren Geschäften mit den Kirgisen bald bekannt wurden. Außerdem trinkt er auch Ziegeltee.»

Als sie die Stadt Tschimkent erreichten, wurden die Tage kürzer und die Wege steil. Südlich der Stadt begannen die Berge. Von weither hatten sie die Ausläufer des Tienschan und seine Schneegipfel gesehen. Fünfzehn Wochen waren sie unterwegs gewesen. Kinder waren geboren worden und manchmal gleich wieder gestorben. Am Ende lagen zwölf am Wege begraben. Das war eine traurige, aber auch eine von der Schrift vielfach gedeckte heilige Zahl und, wie sich zeigen würde, erst eine kleine Probe auf die Geduld, von der ihr Prophet gesprochen hatte.

Am 18. Oktober 1880 kam der Zug in Taschkent an. Ein paar Wochen darauf ein zweiter mit etwa zwanzig weiteren Familien vom Trakt und ein dritter von der Kolonie an der Molotschna, einer Gegend in der Ukraine, aus der Abraham Peters noch einmal siebzig Familien herführte: einen Durchschnitt von fünf Leuten pro Familie unterstellt, rund fünfhundert Menschen. Sie wurden teils in der Stadt untergebracht, teils auf Kaplanbek, einem aufgegebenen Regierungsgestüt, dessen halboffene Ställe sie zumauerten und in provisorische Wohnungen unterteilten, um über den ersten Winter zu kommen. Das Frühjahr 1881 brachte alle Ansiedlungspläne zum Einsturz. Ihren Gönner, den Baron Kaufmann, traf der Schlag, und dessen Gönner, Zar Alexander II., wurde von den Narodniki ermordet. Der neue Zar und sein neuer Gouverneur zeigten sich unfreundlich. Mit dem Thronwechsel in St. Petersburg bekamen die Panslawisten in der russischen Verwaltung Oberwasser. Sie wollten keine neuen Deutschen in Turkestan und schon gar keine Privilegien für defätistische Sonderlinge.

Der ferne, in seinen Briefen und Telegrammen allgegenwärtige Prophet hatte ihnen auch dies prophezeit. Kurz nachdem es eingetroffen war, lasen sie ihr doppeltes Unglück aus Epps Handschrift: «Besehet nur Land auf russischem Boden so viel ihr wollt; zur Besiedlung werdet Ihr es nicht bekommen, und wenn darüber der Kaiser und Kaufmann sterben und abtreten müßten.» Das bezog sich auf diejenigen Brüder, die in der Gegend hatten bleiben wollen. Davon konnte nun keine Rede mehr sein. Die Behörden drohten, ihre jungen Männer zu rekrutieren. Das Frühjahr endete in der ersten großen Spaltung. Die Gemeinde hatte Abraham Peters zum Ältesten gewählt, wogegen Epp, der sich entthront sah, in dicken Sendschreiben Einfluß geltend machte, was wiederum zum Zerwürfnis führte. Peters und die Seinen beschlossen, ein Stück weiter nach Osten zu ziehen, in die Gegend von Dschambul, um an den Flüssen Tschu und Talas zu siedeln. Die anderen, unter ihnen der Chronist und sein Schüler, der junge Hermann, versuchten ihr Glück in entgegengesetzter Richtung, in Buchara, einem moslemischen Fürstenstaat außerhalb Russisch-Turkestans. Eine Handvoll Familien aus der Peters-Fraktion schloß sich an, später kamen noch einmal sechs hinzu, so daß etwa dreißig Familien, hundertfünfzig Menschen vielleicht, nach Südwesten treckten, auf Buchara zu.

Auf dem Weg dorthin trafen sie gelegentlich auf Reste altorientalischer Lebensweise. Von einer Hochsteppe aus bewunderten sie ein fruchtbares Flußtal in der Gegend von Samarkand mit seinen Walnuß- und Maulbeerbäumen, Obstplantagen und Weingärten. Ein paradiesisches Bild nach der Mühsal, die hinter ihnen lag, aber ins Tal hinabgestiegen, fanden sie seine Bewohner, persischstämmige Sarten, zwar sehr betriebsam, aber auch sehr sodomitisch. «Die Sünde der Knabenschändung ist bei ihnen gang und gäbe, und es gibt kein öffentliches Teehaus, das nicht Knaben für diesen Zweck hielte.» In Samarkand wurden sie in ein geräumiges Gebäude unter Bäumen gewiesen, mit zellenartigen Wohnungen, Höfen und einem Teich, vielleicht eine ausgediente Karawanserei. Sie gingen in der Stadt umher und bestaunten die noch immer prächtigen Bauten aus ihren besseren Tagen, die Medresen, alte moslemische Hochschulen, die schlanken Gebetstürme, die verschwenderisch aufgeführten Mosaike aus glasierten Ziegelstücken an den Palästen, das Grab Tamerlans.

Der Sommer 1881 ging mit vergeblichen Versuchen dahin, nach Buchara hineinzukommen. Es gab einen Platz im russisch-bucharischen Grenzgebiet, der der hohen Geistlichkeit von Samarkand gehörte. Diese Herren waren gern bereit, ihr Land den verläßlichen Deutschen zu verpachten, aber Reiter des Emirs von Buchara vertrieben sie immer wieder, sei es mit dem Knüppel oder mit List. Eines Tages stieg aus einer Postkutsche Dr. Johannson aus, den sie von Taschkent her kannten. Er kam eben vom Emir, den er kuriert hatte, und versicherte ihnen, wenn sie weiter versuchten, nach Buchara zu gelangen, würden sie «rausgeschmissen». Sie fanden die Warnung bestätigt und sich selbst an der Grenze matt gesetzt, auf einem Steppenrücken zwischen zwei Schluchten, wo sie unverdrossen Erdhütten gruben und sogar eine Dorfstraße abmaßen. Und wieder erschienen «die Bunten», so nannten sie die bucharischen Reiter wegen deren mit großen bunten Spielkartenherzen bedruckten Gewänder, zerstörten ihre Hütten und jagten sie mit Knüppeln und Lanzen fort.

Das geschah am Morgen nach einer völlig mißglückten Audienz beim Bek von Sia Edin, dem zuständigen bucharischen Provinzherrn, der einzigen Audienz, die ihnen dort je gewährt wurde. Sie endete mit Stockschlägen auf die Köpfe ihrer vier Delegierten und einer Nacht im Kerker, die sie straff gefesselt, aber «unter erbaulichen Gesprächen» zubrachten. Lehrer Bartsch, der auch dies berichtet, hatte der Delegation angehört und, angesichts völligen Unvermögens des lokalen Dolmetschers, den Versuch unternommen, dem moslemischen Herrn und seiner Entourage selbst in mangelhaftem Usbekisch den Grund ihres Auszuges zu erklären, ihre Ablehnung jedes Staatsdienstes, die bevorstehende Wiederkunft Christi und den vorangehenden großen Auftritt des Antichristen. Bei Erwähnung des letzteren geriet der Moslem in heftigen Zorn. Er schrie den verdutzten Bartsch an und befahl seinen Dienern, ihn zu schlagen und abzuführen.

Am anderen Morgen ritt er mit einem Trupp Bewaffneter und den Gefangenen zum provisorischen Lager im Grenzgebiet und ließ die Hütten zerstören. Die Habe der Brüder ließ er auf Wagen werfen und sie selbst, da sie passiven Widerstand leisteten, auch, daß die Rippen krachten, und ab ging es über die russische Grenze. Der Bek verfolgte die ganze Aktion von dem roten Zelt aus, das man ihm errichtet hatte. Es sah fürs erste so aus, als hätten sie Glück im Unglück. Der russische Lokalobere nahm sie freundlich auf, gewährte ihren Söhnen Schonzeit und wies ihnen einige Karawansereien an, die aber, da sie aus Lehm gebaut waren, unter dem ersten großen Winterregen einstürzten.

Der trübe, verzagte Winter 1881 / 82 zehrte an den Nerven, am Geld und am Glauben und brachte ein neues Schisma. Auch dies stand schon vorher bei Epp geschrieben: «Es werden in eurer Mitte Brüder aufstehen, die das, was ihr glaubt, in den Staub ziehen werden, die wird Gottes Geist offenbar machen, und von denen scheidet euch.» Einige Familien hatten genug und opponierten offen gegen den abwesenden, omnipräsenten Propheten und dessen Sendschreiben, die er mit der anmaßenden Formel zu eröffnen pflegte: «So spricht der Herr zu der Gemeinde.»

Wie das Unternehmen begonnen hatte, so ging es fort. Das Spalten glomm darin wie eine unterirdische Glut, die beim ersten Windzug hell auflodert, und Epp goß Öl und streute Weihrauch hinein. Ein neuer Brief kündigte nun auch Franz Bartsch und seinen Freunden den Ausschluß an, was diese in arge Gewissensnot brachte und vor eine Wahl stellte, die uns am Ende unseres Jahrhunderts der Bewegungen – gegen sie steht die unschuldige räumliche Fortbewegung der Schar um Klaas Epp geradezu rührend da – ausgesprochen bekannt vorkommen muß: Sich eingestehen, daß man über Jahre hinweg einem Irrtum folgte, und der Bewegung abschwören – oder, contre cœur, jede neue Kapriole des Führers zur Fortentwicklung der Lehre biegen. In unseren Worten: Gute Theorie versus schlechte Praxis, ursprüngliche Idee gegen Entartung, Frühschriften gegen Spätwerk. Wir haben keinen Anlaß, uns über die sonderbaren Heiligen jener letzten Tage zu stellen. Auch wie die Dissidenten in der bucharischen Steppe ihr ideologisches Problem lösten, ist ein später viel befolgtes Modell. Man muß nur den Namen Epp durch die Namen einiger Geister unserer Zeit ersetzen. Franz Bartsch sagt es klassisch: «Was er jetzt schreibt, ist seinen früheren Briefen nicht gleichzustellen, ist apokryph. Somit sagten wir uns los von dem Epp der Gegenwart, hielten aber fest an dem Epp der Vergangenheit.»

Endlich, im Spätsommer 1881, hatte sich auch der Prophet selbst mit weiteren vierzig Familien auf den Weg nach Osten gemacht. Epp war viel zu spät im Jahr aufgebrochen und geriet in denselben Winter hinein, den seine Vorhut in den einstürzenden Karawansereien zubrachte. Auch in diesem Treck, dem vierten, rumorte es. Schließlich gingen auch Briefe von Mittelasien an die Wolga. Die Nachzügler wußten, wie es um den Bergungsort stand: Er zeigte sich nicht. Bartsch erfuhr dies über Epps Zug:

«Man bezog Winterquartier in Turkestan, wobei man sich zum Teil nach der Gesinnung gruppierte. Die Reise mit ihren Vorkommnissen hatte manchen ernüchtert, manchen enttäuscht. Hierzu kamen nun die Berichte von der Grenze, von beiden Parteien, die Aussichtslosigkeit einer Ansiedlung in Buchara, und alles dieses ließ manchen erkalten.»

Der Sinn fürs Praktische, den er in seinen Anfängen als Bauer und Geschäftsmann noch gehabt hatte, war Klaas Epp mittlerweile abhanden gekommen. Der Treck, bestimmte er, dürfe keinen Führer haben, der Heilige Geist selbst führe. Zugleich drang er auf rastlose Eile. Zahlreiche Achsenbrüche waren die Folge. Brüder mit schwächeren Pferden wurden rücksichtslos abgehängt, Zweifler und Dissidenten geächtet und terrorisiert. Als ein Teil der völlig erschöpften, verdreckten Familien nach wilder Fahrt durch Schnee und Regen auf Rast drängte, um wenigstens einmal ihre Kleider zu waschen, höhnte der Prophet: «Sie haben das Pilgerkleid ausgezogen.»

Nach einem Winter voller Regen und Zweifel zog der von Epp abgefallene Teil des ersten Trecks erneut in Richtung Buchara, diesmal aber nicht, um hineinzukommen. Es scheint, das Suchen und Streben nach Zielen war ihnen vergangen. In der Nähe ihrer zerstörten Hütten vom vorigen Jahr stellten sie Zelte auf, eines vor jedem Wagen. Das dritte Jahr auf den verworrenen Wegen ihres Propheten zog herauf, 1882, und trotz ihrer desolaten Lage – hinter sich alle Brücken verbrannt und vor ihnen das Nirgendwo – ließ sich das ziellose Kampieren im Steppengras ganz romantisch an. Zu tun war nicht viel. Um frühes Getreide zu ernten, war es ohnehin zu spät, die Saat hätte längst ausgebracht sein müssen. Doch das störte sie nicht. Sie störte überhaupt nicht mehr viel. Ihnen war wie einem zumute, dem alles zu Bruch ging und dem nun, da er nichts mehr zu verlieren hat, leicht ums Herz wird, so leicht, daß er anfängt, ein Lied zu summen und noch eins. Obgleich sie sich sagen mußten, daß alles und jeder gegen sie war, konnte das Widrige der Welt ihnen den frommen Leichtsinn nicht vergällen, der über sie gekommen war. Bartsch war einer von ihnen: «Dann aber, muß ich gestehen, hatte der Sinn einiger tonangebender Brüder sich dahin verstiegen, daß sie behaupteten, bis zum Kommen des Herrn würden wir zu keinerlei Land- oder Erwerbsarbeit kommen; wenn die materiellen Hilfsmittel erst verbraucht wären, dann begännen erst die Wunderwege des Herrn nach Jeremia 15, 11 und 13. So verlebten wir die meiste Zeit in brüderlichen Zusammenkünften mit Gesang, Gebet und Betrachtung des Wortes Gottes, wobei wir alles stark einseitig an unsere speziellen Verhältnisse anpaßten.»

Geübt wie sie waren im Parallelisieren eigener und biblischer Fährnisse, fanden sie rasch die passenden Stellen, um sie sich so auszulegen, daß es auch mit diesem wunderbar sorglosen, hippiehaften Sommer seinen Sinn und seine Richtigkeit habe. Hinter seinen selbstkritischen, distanzierenden Glossen kann der Chronist nicht verbergen, daß auch er in Arkadien war. Das geschwisterliche Zusammensein, die holde Arbeitslosigkeit, die ständigen Abendmahle, die ihre feierliche Seltenheit einbüßten und nun jeden Sonntag gehalten wurden, die Versammlungen, «die insofern einen ganz freien Charakter annahmen, als jeder das Wort ergreifen konnte». Einer – er war einer Witwe zugetan, und man sah die beiden in der Abenddämmerung zu langen Steppenspaziergängen aufbrechen – schlug vor, die Ehe abzuschaffen. Sie passe nicht mehr in die Gemeinschaft der Brüder und Schwestern der Endzeit, aber er setzte sich nicht durch.

Das Dichten kam in Gebrauch in den Zelten auf hoher Steppe, das Reimen neuer geistlicher Lieder wurde allgemein unter den Brüdern und Schwestern – Lieder von beträchtlicher Länge, acht Strophen und mehr. Sie gehen dem Chronisten noch nach, als er sechsundzwanzig Jahre später das alles niederschreibt, und rufen noch einmal den Zauber des freien Lebens unter freiem Himmel herauf, dem er als jüngerer Mann für ein paar Wochen erlag. Er bekennt, viele dieser Lieder auswendig zu wissen. Er singt sie immer noch und kann nicht umhin, sie einzufügen in seinen Bericht über den Sommer der Liebe am Fuße des Tienschan.

Abenteuer eines Romans

Als der junge Bartsch im Frühsommer 1875 Verwandte in der Ukraine besuchte, um sie auf einem kleinen Bahnhof nach Amerika zu verabschieden, wurde er Zeuge eines Auftritts des Predigers Abraham Peters, der fünf Jahre später seine Gemeinde nach Mittelasien führte. Ohm Peters kletterte auf einen zugedeckten Brunnen und sprach vor einer großen Versammlung über die Amerikafahrer. Es sei schon recht von ihnen, aufzubrechen und so den Glauben zu bekennen, aber die Richtung, Brüder, die Richtung! «Der Weg nach Amerika ist verfehlt, der rechte Weg geht nach Osten.»

Ohm Peters und Ohm Epp konnten sich, als sie anhuben, für den großen Auszug nach Osten zu werben, der eine in Friedensruh an der Molotschna, der andere in Köppental, Ostenfeld, Hahnsau, Lysanderhöh, Orlow, Lindenau, Alexandertal, Fresenheim, Walujewka und Medental am Salztrakt, auf eine verbreitete Stimmung stützen und auf die Bibel:

«Und Johannes sah ein Weib, angetan mit nichts als der Sonne, und der Herr schützte das Sonnenweib vor den Nachstellungen des bösen Feindes und führte es in die Wüste, an einen sicheren Ort.» Das Sonnenweib aus Johanni Offenbarung, soviel war gewiß, war die Gemeinde der letzten Tage, und wenn es stimmte, daß diese Tage gezählt waren, dann war diese Gemeinde niemand sonst als die kleine Schar derer, die das nachgerechnet und begriffen hatten: die auszugslustige Schar um Klaas Epp.

Aber warum nach Osten? Warum nicht nach Amerika? Oder nach Süden? Davon stand nichts bei Johannes. Das stand überhaupt nirgendwo in der Bibel. Es stand in einem Roman. Von Preußen her hatten die Siedler am Trakt ein damals vielgelesenes Buch im Gepäck, vier Bände stark, dessen erster Satz lautete: «Selig sind, die das Heimweh haben, denn sie sollen nach Hause kommen.» So hieß der Roman auch: ‹Das Heimweh›. Er erzählt den Zug einer endzeitlich gestimmten Gemeinde nach Osten, einen langen und gewundenen Auszug voll harter Prüfungen. Für das gewöhnliche historische Bewußtsein steht die Reihenfolge ebenso fest wie für Doktor Faust: Am Anfang ist die Tat. Ihr folgt das Wort. Epos, Mythos, auch der historische Roman, sie erzählen, was war. Hier ist es umgekehrt. Am Anfang ist der Roman, und neunzig Jahre nach seinem Erscheinen nehmen ihn ein paar Hundert Leser beim Wort. Er legte, nach einer Bemerkung des Chronisten Bartsch, «den ersten Grund» für das Schwärmen und Ausschwärmen unter Klaas Epp.

Im Roman geht der Auszug von Deutschland über den Balkan und Smyrna nach Konstantinopel – «bei dem Eintritt in diese uralte und berühmte Stadt sieht man nichts als Moder und Verwesung» – und weiter nach Kairo, durch die ägyptische Wüste, durch Palästina, den Libanon, Syrien ins Zweistromland und immer weiter durch Persien, immer tiefer in das Innere Asiens hinein, in die Gegend von Samarkand. Von dort wendet sich der inzwischen gewaltig angewachsene Zug in Richtung Buchara. Vorweg reiten die Israeliten, dann kommen die Parsen, dann die Japhetiten – die kleinasiatischen Völker, zuletzt reiten die Abendländer, die der Fürst die deutsche Gemeinde nennt, insgesamt hunderttausend Familien.

Den langen Umweg durch die halbe Welt hat ein geheimer Zirkel weiser Männer als Parcours der Prüfungen und Reifungen angelegt und begleitet, um das gottgesandte Fürstenpaar für seine hohe Aufgabe zu erziehen und endlich zu vereinen. Eugenius und seine Urania – sie ist die Tochter eines Schweizer Mennoniten – reiten mit ihrem Gefolge und einer Leibwache von dreihundert Mann in der Mitte des Zuges auf Solyma zu, das leere, fruchtbare Land bei Buchara, welches bestimmt ist, ihr Neues Christliches Reich zu sein. Später sendet Fürst Eugenius Kundschafter aus, um zu erfahren, wie es draußen in der Welt zugeht. Ihr Bericht rechtfertigt die Mühsal des Auszugs vollkommen; er läßt Solyma als ebenso humanes wie göttliches Gegenreich zur Barbarei der gottlosen, ganz zu sich selbst gekommenen Weltmenschen erscheinen, zur ungeteilten Weltherrschaft der Welt. Es ist um 1790 herum, und die Kundschafter geraten mitten in die Wirren der Französischen Revolution hinein und schildern ihre Exzesse: den Großen Terror.

Den Autor des antirevolutionären Romans wunderte «der beyspiellose Beyfall, den dies Buch hatte». Er kam nicht nur aus den protestantischen Staaten Dänemark und Schweden und aus Rußland. «Eine Menge Exemplare wanderten nach Amerika, wo es häufig gelesen wird.» Bis nach Asien hinein, «wo es christlich gesinnte Deutsche giebt, wurde ‹Das Heimweh› bekannt». Das notiert er in seinem anderen großen Werk, der Beschreibung seines eigenen merkwürdigen Lebens. Darin gibt der Autor auch preis, in welcher Verfassung «er» – denn über sich spricht er in der dritten Person – den Roman schrieb:

«Sein Geist war wie in ätherische Kreise emporgehoben; ihn durchwehte ein Geist der Ruhe und des Friedens, und er genoß eine Wonne, die mit Worten nicht beschrieben werden kann. Hierzu kam noch eine zweite sonderbare Erscheinung: In dem Zustande zwischen Schlafen und Wachen stellten sich seinem innern Sinn ganz überirdisch schöne, gleichsam paradiesische Aussichten vor – er versuchte sie zu zeichnen, aber das war unmöglich. Mit dieser Vorstellung war dann allemal ein Gefühl verbunden, gegen welches alle sinnliche Vergnügen wie nichts zu achten sind. Es war eine selige Zeit! Dieser Zustand dauerte genauso lang, als Stilling am ‹Heimweh› schrieb, nämlich vom August 1793 bis in den Dezember 1794, also volle fünf viertel Jahr.»

Stilling also. Im turbulenten Jahr 1740 wurde in einem weltfernen Flecken am Rothaargebirge dem Schneider und Hilfsschulmeister Helman Jung ein Sohn geboren, den er Johann Heinrich nannte und dem zweijährig die Mutter starb. Dieser Jung, ein nach außen braver, kirchentreuer Protestant, war innerlich Pietist mit mystischen Neigungen, und im Geiste jener «Stillen im Lande» erzog er seinen Sohn. Der wurde zwar Schneider wie der Vater, las aber zu dessen Leidwesen Bücher. Er las und las, und so arbeitete er sich hoch und höher und seine vielen Talente eins nach dem andern ab, mit geradezu amerikanischem Appetit auf Neues. Seiner pietistischen Prägung blieb er treu. Er nahm sie so ernst, daß er sie seinem einsilbigen Namen ansteckte als Erkennungsmal: Jung-Stilling. Als Schneidergeselle ging er auf Wanderschaft, als Dorfschulmeister und schon bald als privater Hauslehrer schlug er sich durch, in Hückeswagen, Radevormwald und Krähwinklerbrücke, als Autodidakt brachte er sich selbst Latein bei, Französisch, das Griechische und Hebräisch. Mit dreißig ging er nach Straßburg, um zu studieren. Zwei Jahre später verließ er die Stadt als Doktor der Medizin.

In Straßburg lernte er Herder und andere Größen kennen

und auch Goethe, der den schon etwas ältlichen Studenten mit einem Nachtwandler verglich, den man nicht anrufen dürfe, damit er nicht von seiner Höhe herabfiele, und einem sanften Strom, dem man nichts entgegenstellen dürfe, wenn er nicht brausen solle. Er besuchte den sanft sich verströmenden Nachtgänger später noch einigemal, und obgleich dessen Art nicht die seine war, äußerte er sich sehr feinfühlig und taktvoll über die schöne Naivität und unbedingte Gläubigkeit dieses Menschen, der sich dazu bekehrt hatte, den Lauf seines erstaunlichen Lebens in der Hand göttlicher Vorsehung zu sehen und vertrauensvoll dort zu lassen. Wenn Jung-Stilling aus seinem Leben erzählte, blühte er auf. Goethe gefielen Stillings Erzählungen: «Ich trieb ihn, solches aufzuschreiben, und er versprach's.» Er nahm das Manuskript mit, redigierte allzu ausschweifende religiöse Traktate heraus und gab es in Druck. Jungs Erzählungen aus dem Leben Stillings wurden ein Erfolg.

Der indessen wurde erst einmal ein berühmter Augenarzt, der mit einer neuen Methode den Grauen Star operierte, fand jedoch auf dem Höhepunkt dieses Ruhms Gefallen an den Kameralwissenschaften und den Staatsfinanzen, mit ebensolchem Erfolg. Als Professor und Kurpfälzischer Hofrat hielt Jung-Stilling die Rede zur Vierhundertjahrfeier der Universität Heidelberg, an der es ihn auch nicht lange hielt. Er wechselte nach Marburg, wo man ihn zum Prorektor der Hochschule berief, und ließ bald auch dies Amt fahren, um endlich ganz Schriftsteller zu sein. Dort schrieb er, knapp neunzig Jahre vor dem Zug nach Mittelasien, von dem hier berichtet wird, den allegorisch verschlüsselten Endzeitroman, der diesen Auszug inspirierte und ihm vor allem das gab, was die Bibel der Sehnsucht, die sie geweckt hatte, nicht geben konnte: ein irdisches Ziel.

«In der Gegend von Buchara liegt das Schirisep-Tal» – so beginnt Hermann Jantzens Erinnerung an den Moment, in dem er die Berge erblickte, hinter denen das gelobte Land des Fürsten Eugen und seiner Urania liegen mußte, das glückselige Tal aus dem ‹Heimweh›-Roman. Ganz zuletzt, als alter Mann von 84 Jahren, schreibt er in Hilversum in Holland – dort lebt er seit seiner Flucht aus der Sowjetunion – seine etwas schusseligen Erinnerungen auf: an den Auszug nach Asien, an sein erstes Leben als Abenteurer und sein zweites als Missionar. Er weiß um die Unvollkommenheit menschlicher Erinnerung, jedenfalls läßt er keine Gelegenheit aus, den Leser auf die präzisere Chronik seines alten Lehrers Franz Bartsch hinzuweisen, die jener 1906 im umsichtigen Stil alter Reiseberichte verfaßt hatte, also ein knappes halbes Jahrhundert näher am Stoff und genauer in den Details. Das Schirisep-Tal hätte Bartsch seinem Schüler vermutlich rot angestrichen. Was Jantzen vernuschelt, buchstabiert sein Lehrer korrekt: «Das südlich von Samarkand hinter einer Bergkette auf Buchara'schem Gebiete gelegene Tal Schahr-i-Sabs (Tal der Mohrrüben).»

Aber was ist Orthographie, was die buchstäbliche Wahrheit des Chronisten gegen die unbekümmerte des greisen Erzählers, der nach Jahren der Reise, der Strapazen, des Hungers und fremder Fieber zum erstenmal die Berge sieht, hinter denen jener Ort liegt, für den er das alles auf sich nahm: das Schirisep-Tal, das Fürstentum seiner Träume. «Hierüber hat Jung-Stilling geschrieben, daß dieses Tal der Bergungsort für die Philadelphiagemeinde war.» Fassungslos, ergriffen steht Jantzen am Fuße seines geliebten Romans und ruft: «Und eben diese Gemeinde waren wir!»

Der Prophet in der Wüste

Ein moslemischer Fürst beendete das Jahr der Wirrnis. Muhametrachim Bagadur Khan, der Herr von Chiwa, lud die an der russisch-bucharischen Grenze Gestrandeten ein, in seinem Lande zu siedeln. Sie willigten freudig ein und zogen noch einmal an die tausend Kilometer weiter, nach Nordwesten jetzt, parallel zu ihrem Hinweg am anderen großen Fluß entlang, dem Amu-Darja, der von Süden her in den Aralsee mündet. Der alte Jantzen, Hermanns Vater, handelte die Sache gemeinsam mit Klaas Epp und einem dritten Bruder in Chiwa aus.

«Im Laufe der Verhandlung stellte der Chan nur eine Bedingung. Unsere Männer mußten versprechen, keine Schweine zu züchten.» Am 9. Oktober 1882, zwei Jahre nach der Ankunft des ersten Trecks in Taschkent und nach einer weiteren langen, anstrengenden Reise auf Kamelen, zu Schiff und in Wagen, kamen die etwa sechzig Familien, die Ohm Epp noch anhingen, am Lausan an, einem schiffbaren Seitenkanal des Amu-Darja. Hier gab es nahrhaften Luzernklee für die Pferde und für die Menschen Reis, Hühner, Fische, Öl, Mehl, alles reichlich und billig. Usbekische Fischer verkauften ihnen den Stör zu fünfundzwanzig Kopeken. Der Stör war einen Meter lang. Die wilden Tiere in den Uferwäldern – Hyänen, Schakale, Füchse, Tiger – beschränkten sich gewöhnlich darauf, die Siedler nachts mit ihrem Gebrüll zu erschrecken. Ein Tiger allerdings schätzte die Prinzipientreue der taufgesinnten Wehrlosen richtig ein. «Er wurde schließlich so dreist, daß er oft morgens einen Spaziergang durch die Straße bis ins halbe Dorf machte. Aber er hat weder uns noch ein Pferd jemals angefallen. Seine Majestät hatte augenscheinlich keinen Hunger, gab es doch im Wald genug Wild.»

Bald wurde der Pazifismus der Brüder von anderer Seite auf ernstere Proben gestellt. Räuberische Turkmenen, Jamuden genannt, begannen mit kleinen Diebstählen. Als sie sahen, daß die sonderbaren Deutschen sich wirklich nicht wehrten, gingen sie dazu über, Nacht für Nacht deren Pferde zu stehlen, wobei sie sich keinerlei Mühe gaben, ihr Tun oder sich selbst zu tarnen. Sie erschienen im Hof, feuerten einige Schreckschüsse ab und holten die Pferde aus dem Stall, beobachtet von deren Besitzern, die in frommer Ohnmacht in der Dunkelheit hinterm Fenster ihre Wut niederrangen und dem Raub zusahen. Wer den Räubern trotz der Warnung in den Weg kam, wurde niedergemacht.

Als ein Bruder mit mehreren Säbelhieben getötet wurde, rebellierten die jungen Männer gegen die Friedenspflicht, aber ihre Väter und Prediger verboten ihnen jedwede Verteidigung oder Waffe. Das Ergebnis war, daß man bald nur noch übermüdete, bleiche Männer im Dorf sah. Den ganzen Tag über bestellten sie unter der heißen Sonne ihre Felder, und die ganze Nacht wachten sie über ihr Eigentum, das sie nicht schützen durften. Als Hermann und seine beiden Brüder in einer hellen Mondnacht drei Räuber bei dem Versuch beobachteten, alle sieben Jantzen-Pferde aus dem Stall zu holen, schnappten sie sich Lanzen und stürmten zur Tür. Sie kamen nicht hinaus. Ihr Vater trat ihnen in den Weg, voll des heiligen Zornes: «‹Schämt ihr euch nicht, so dem Übel zu wehren? Um nicht die Waffe in die Hand nehmen zu müssen, hat unser Volk ein Land nach dem anderen verlassen. Wollt ihr jetzt mit einem Schlag den Glauben eurer Väter verleugnen? Zurück ins Bett! Solange der alte Gott lebt, der auch den Raub unserer Pferde sieht, wird er uns auch ohne die Pferde nicht verhungern lassen.› Wir gingen weinend, doch mit innerem Widerstand wieder zu Bett. Aber Vater hatte sein ‹Wehrlosigkeitsexamen› bestanden. Daß es ihn innerlich viel gekostet hatte, haben Mutter und wir noch lange Zeit spüren können.»

Erst das Eingreifen eines angesichts dieser Zustände einigermaßen entgeisterten Kosakenoffiziers, der die Behörden von

Chiwa veranlaßte, eine Schutztruppe an den Lausan zu senden, machte dem Spuk ein Ende. Da aber die Wache nicht dauerhaft bleiben konnte, schlug der Khan seinen Schutzbefohlenen vor, abermals umzuziehen: nach Ak Metschet, einer Oase in der Wüste nahe der Hauptstadt Chiwa. Der Khan hatte sie auch gefragt, ob sie sich darauf verstünden, «Holz zu verglasen». Er meinte das Parkett, das er in den Schlössern von St. Petersburg gesehen hatte. Solches Glasholz wollte er auch. Seither arbeiteten die Männer als Parkettmacher für den moslemischen Palast, und ihre Frauen nähten Kleider für den Basar von Chiwa. So zwiespältig, so bittersüß endete der Auszug, der immerhin angestrengt worden war, um nicht Dienst tun zu müssen für den christlichen Zaren. Aber dies wenigstens stimmte: Sie waren an dem Ort angekommen, der ihnen bestimmt war. Das Sonnenweib saß in der Wüste.

Die ersten hatten genug. Zwanzig der sechzig Familien verließen 1884 Chiwa, zogen den Weg, den sie vier Jahre zuvor gekommen waren, zurück, ab Orenburg jetzt per Bahn, besuchten noch einmal ihre Dörfer am Salztrakt und wanderten aus – nach Amerika. Andere folgten ihnen, manche zogen zu den Brüdern im Tal des Talas, wieder andere mochten nicht mehr weiterziehen und gingen einfach wieder nach Hause, in ihre Dörfer am Trakt. Auch die meisten Dagebliebenen hatten genug von Ohm Epp. Sie verboten ihrem Propheten das Wort in der Kirche. So kam es zur letzten Abspaltung. Zehn Familien blieben Epp treu, unter ihnen der alte Jantzen und seine Frau. Hermann und seine Brüder, auch seine Schwester, blieben bei der Mehrheitskirche. Daraufhin zwang Epp ihre Eltern, den Stab über alle ihre Kinder zu brechen, «was tiefe Wunden in unsere Herzen schlug».

Hermann verließ die Oase und ging nach Chiwa, um als Dolmetscher in die Dienste des Khans zu treten. Es ging ihm gut. Er vertiefte seine Kenntnis der mittelasiatischen Sprachen, las viel, erhielt Unterricht im Koran und führte als Jaman Aga das Leben eines privilegierten Höflings. Der Kahn mochte ihn. Er schenkte ihm einen Zuchthengst. Nach einiger Zeit wurde es Hermann zuviel. Das Zerwürfnis mit dem Vater, das Betragen Onkel Epps, überhaupt die ewigen Querelen in Ak Metschet und «dazu das glanzvolle und lose Leben auf dem Hofe des Chan schadeten meinem geistlichen Leben so sehr, daß ich nicht länger bleiben durfte». Er hatte geheiratet und zog mit seiner jungen Frau und ihrem kleinen Kind ins Talas-Tal, nach Orloff.

Man muß sich eine rasch abnehmende Zahl letzter Getreuer vorstellen. Die in der Einsamkeit der Feldarbeit in den Schläfen pochende, in die Düsternis wacher Nächte tretende Ahnung: Dies alles könnte vergeblich sein, falsch womöglich von Anfang an, Irrsinn am Ende. Man muß sich die weiße Hitze einer Oase irgendwo an der heutigen usbekisch-turkmenischen Grenze vorstellen, die Grübeleien um das Weltende in der Wüste, in niederdeutschem Platt, in biblischen Wendungen, ihre rissigen groben Hände und ihre gottvollen Köpfe, ihre etwas nasalen Singstimmen, wenn sie ihr liebstes Lied anstimmen: «Unser Zug geht durch die Wüste.»

Diesen eigentümlichen Gesang hörte ich, Jahre nach der kirgisischen Reise, in einer anderen Wüste: in einem mehrstündigen mennonitischen Gottesdienst in der Gegend von Las Casas Grandes in Nordmexiko, in der Wüste von Chihuahua. Auch hier hatte sich eine altgläubige Gruppe von den Weltmenschen getrennt, ihren schwach gewordenen Brüdern der ersten mexikanischen Kolonie, die nun Autos, Fernsehgeräte und Traktoren mit Gummireifen in ihren Dörfern duldeten und nette, lockere Gottesdienste im «American family style».

Auch sie waren tiefer in die Wüste gezogen, hatten tiefe Brunnen gebohrt und ganz von vorn begonnen. Vor der Kirche standen ihre Pferdewagen, drinnen vor der Gemeinde stand der Prediger, ein älterer Mann ganz in Schwarz, schwarzer Hut, schwarze Stiefel, und in der Kirche, die schmucklos war wie ein Stall, stand ein ungeheurer Ernst. Was sie sangen, konnte ich nicht verstehen, und es lag nicht an der Sprache, ihrem Platt konnte ich zur Not folgen, nein, es lag an ihrer Art zu singen. Der Gesang schnitt in den Ernst und in die Stille hinein und schliff den Text in jahrhundertelangem Gebrauch ab, zerschliff allen Sinn, ließ nur den nackten Tonkörper übrig, einen einzigen langen vokalischen Ton. In unseren Kirchen gleicht der Gesang einer aufgelöst trottenden Schulklasse am Wandertag. Hier trödelt einer nach, da rennt einer voraus, dort übertönt einer den Rest. Die Stimmen in der Wüste setzten so makellos ein und so metallisch wie ein Elektromotor. Nicht eine Einzelstimme ragte heraus. Die Stimmen klangen gar nicht wie Stimmen. Sie waren vom ersten bis zum letzten Vokal ein einziges durchdringendes Instrument, meditativ, wenn man will, aber nicht nach der Art toskanischer Trommelworkshops. Es war doppelt und dreifach gehärtete Bauernmeditation aus der Wüste.

So etwa muß man es sich vorstellen. Die Lieder, die Predigt, die Zusammenkünfte, bei denen ein «Hesekiel vierzig», ein «Daniel sieben» hinreichte, eine ganze exegetische Welt aufzurufen. Sie hatten sich so oft und so lange über die Schrift gebeugt, daß sie ganze Bibelpassagen auswendig wußten. Verstohlen die wunden, bitteren Blicke in die Runde der letzten Jünger: Wer wird heute fehlen? Wird es wieder einer weniger sein? Und einer von ihnen spricht von seiner bevorstehenden Himmelfahrt. Der angekündigte Tag kommt, und sie tragen einen Altartisch ins Freie und verharren im Gebet, aber solange sie auch stehen und warten: nichts. Er fährt nicht auf. Und als die Enttäuschung, der Zweifel aus einem herausbricht, bekommen er und die um ihn Herumstehenden von Klaas Epp, dessen Himmelfahrt sie erwartet hatten, zur Antwort: «Brüder, der Herr hat mir gesagt, ihr sollt heute mit mir Tee trinken.»

Der Prophet dachte nicht daran, seinen letzten Anhängern einen Ausweg aus der Engführung ins Äußerste zu öffnen. Er selbst ging ohne zu zögern darauf zu. Es war nicht wichtig, wie wenige mitgingen. Als das nach dem Gespräch mit den beiden Rabbinern auf 1889 verlegte Jahr der Wiederkunft Christi heraufkam, legte sich Epp nicht etwa ein Argument zurecht für den Fall, der Herr täte ihm nicht den Gefallen. Nein, er wurde um so präziser. Kurz vor Neujahr legte er sich auf den Tag fest, doch der 8. März ging aus wie die Eppsche Himmelfahrt. Wieder verließen ihn einige, und wieder hatte er eine seiner provokativen Antworten parat. Er selbst bemerkte deren ohrfeigenträchtige Flapsigkeit nicht. Er meinte alles genau so, wie es ihm in den Sinn kam. Der Herr hatte ihn nicht zum Himmel fahren lassen und ihm statt dessen gesagt, er solle vorerst mit den Brüdern Tee trinken. Der Tee, der Herr, die Himmelfahrt: Eines war so stofflich, so greifbar, so gut wie das andere. Er redete unschuldig wie ein Kind. Er war ein Kind, und Kinder haben keine Ironie. Er lief aus dem Haus und sagte es dem erstbesten: «Bruder Penner, ein Wunder ist geschehen!» Der Angesprochene, sei es aus Höflichkeit oder aus Neugier, erkundigte sich danach. «Du kennst doch meine Schiffsuhr. Sieh, der Herr wies uns nach 89 – das war vom Herrn –, aber die Uhr hing schief. Verstehst du? Er wies vorbei. Aber nun hängt sie gerade: 91 kommt der Herr!» Und er führte ihn in seine Stube und zeigte ihm das Wunder der schiefen Uhr, und der Mann sah, daß Klaas Epp erfüllt davon war.

Epp, das Kind, konnte auch grausam und herrschsüchtig sein wie ein Kind. Er griff in das Leben der Seinen ein. Er befahl eine Reise oder verbot sie. Er hielt Gerichtstag. Er offenbarte jedem, was der Herr gegen ihn habe. Eines Tages ließ er einen Bruder in die Versammlung rufen, damit er ihm das Abendmahl reiche. Auf dessen Einwand, er fühle sich heute innerlich nicht bereit, das Brot zu teilen und zu brechen, eröffnete ihm Epp, das müsse er auch nicht, er solle es ihm nur darreichen. Er, Epp, dürfe das Abendmahl nicht mehr aus eines Menschen Hand nehmen. Er, Epp, sei der Fürst, von dem Hesekiel spricht, und stehe über den Predigern. Er teilte zwei Brüder ein, für seinen Unterhalt zu sorgen. Die Chronik seines großen Ausschwärmens schließt ratlos:

«Epp titulierte sich indessen nach Belieben. In Briefen, Gedichten eigenen Machwerks ohne Rhythmus, Reim, Sinn und Verstand unterschrieb er sich: Elias oder Elio des neuen Bundes, Melchisedek der neuen Erde, früher Claaß Epp. Das letzte Produkt Eppscher Phantasie, auf das seine Gläubigen noch warten, ist das Herniederkommen des neuen Ak Medschedj vom Himmel, wahrscheinlich eine Parallele zum neuen Jerusalem der Offenbarung. Schon über ein Vierteljahrhundert hat er vermocht, Menschen in seinen geistigen Banden zu halten, und merkwürdiger Weise kommt es noch vor, daß Personen, die erst seine Gegner waren, zu ihm übergingen. Wieweit Epp selber an seine Bestimmungen geglaubt hat, wer will das sagen?»

Endlich tat der neue Elias den letzten Schritt. Er sei, lehrte er, Christi Sohn, die vierte Person der nunmehr Heiligen Vierfaltigkeit. In dieser Unüberbietbarkeit endete die lange Eppsche Epiphanie, aber seine Wirkung endete noch lange nicht, sie hielt über seinen Tod hinaus an. Als sein Neffe Hermann Jantzen – er hatte nach einem Bekehrungserlebnis sein Amt als Oberförster von Russisch-Turkestan aufgegeben, war wieder nach Orlow gezogen und widmete sich ganz der Mohammedanermission – im Sommer 1913 Ak Medsched besuchte, fand er seinen alten Vater, der ihn verstoßen hatte, taub, und auch der Rest der Eppschen Gemeinde hatte nicht Ohren zu hören. Jantzen predigte Woche um Woche, aber durch ihren harten Geist, durch ihre in der immer wieder getäuschten, immer wieder genährten Glut der Erwartung gehärtete Frömmigkeit drang er nicht. Man muß ihr Schweigen hören. Das stumme Stakkato ihrer alten, rissigen Finger, wie sie aufs Wort pochten, auf ihre – ihre! – Stellen in dem zerlesenen, mürbe gegriffenen Buch, aus dem sie immerzu sich selbst herauslasen, jede Windung ihres Weges, der sie zuletzt in die Wüste geführt hatte. Man muß das Lauern in ihren aller Welt verschlossenen Augen sehen, das Warten aufs erste falsche Wort, das den jungen Jantzen verrät, von dem man doch weiß, wie lange er sich bei den Heiden herumtrieb und den Fürsten der Welt diente, und der nun gekommen ist, um mit süßer Predigt das harte Harz zu schmelzen, das die Gemeinde der Letzten zusammenhält. Das alles kannte er gut, davor war er geflüchtet. Es hatte seinen Onkel Klaas überdauert.

Marina spielt die Reverie

Ich verließ Orlow. Zwei Männer aus dem Dorf nahmen mich im Auto mit nach Alma-Ata. Wir fuhren in der Morgendämmerung los, fuhren den ganzen Tag und kamen tief in der Nacht an. Nachdem wir stundenlang durch die Steppe gefahren waren, ohne etwas anderes zu sehen als baumloses, flaches Grasland, das unter der Glut des allmählich verlöschenden Sommers eine gelbbraune Farbe angenommen hatte, und niederes Buschwerk und von Zeit zu Zeit ein paar halbwilde Schafe oder, weit weg im Glast, die eine oder andere Kamelsilhouette, flirrend wie eine Luftspiegelung, tauchte plötzlich etwas Senkrechtes vor uns auf. Wir fuhren geradewegs darauf zu. Als wir den Pfahl erreichten, sah ich, daß es ein Wegweiser war, bei dem eine Piste nach links von der unseren abbog, nach Norden also. Auf dem Arm, der in unsere Richtung zeigte, nach Osten, stand: Alma-Ata. Auf dem Arm, der in die entgegengesetzte Richtung zeigte, aus der wir kamen, stand: Dschambul. Auf dem dritten Arm, der nach links wies, den Globus hinauf, stand: Sibirien.

Als ich im Jahr darauf von Königsberg – einer nicht weniger sowjetischen Stadt als Ufa oder Murmansk, auf die ihr anderer Name besser trifft: Kaliningrad – nach Süden fuhr, auf die polnische Grenze zu, endete die Fahrt erst einmal in einem Amtszimmer in militärischer Runde. Die Herren begutachteten meinen Reisepaß, er ging von Hand zu Hand, während einige hinter ihren großen runden Offiziersmützen, die sie wie Paravents vor sich hielten, die Köpfe zusammensteckten. Ich nannte den Namen des Kommandeurs der Baltikflotte, der mich zwei Tage zuvor empfangen hatte, und man telefonierte nach Kaliningrad, mit dem KGB, um sich meine Angaben bestätigen zu lassen. Wahrscheinlich war hier in den letzten fünfundvierzig Jahren kein Ausländer gesehen worden; es war wohl auch verboten, das Grenzgebiet zu bereisen, doch wunderbarerweise durfte ich die Fahrt fortsetzen. Ich fuhr durch geschlossene Tunnel aus Buchen und Eichen auf lila Hügel zu, fliederbewucherte Dörfer, aus denen rote Turmspitzen ragten. Die schweren, trotzigen Kirchen sahen immer ein wenig wie Ordensburgen aus und waren fast immer Ruinen, aus denen, wenn ich mich näherte, die Raben aufflogen. Die Dörfer waren menschenbewohnte Ruinen. In diesem steinarmen, ganz aus Backstein gebauten Land gab es keine einzige Ziegelei mehr. Manche alte Stadt war eine junge Wüstung. Die nach der Austreibung der Ostpreußen manchmal gewaltsam hergeschaffte russische, ukrainische, weißrussische, kaukasische Bevölkerung hatte sie als Steinbruch benutzt. Sie tat nicht allzuviel für den Erhalt der geschenkten Dörfer. Sie verhielt sich wie einer, der dem Frieden nicht traut. Der nicht glaubt, was man ihm sagt: Hier lasse dich ruhig nieder, hier bleibst du auf immer. Immer wieder traf ich Russen, die sich unumwunden zu ihrem Mißtrauen gegenüber dem Stiefelgang dieser Geschichte bekannten, die nicht die ihre war.

Wenn es eine Rechtfertigung gibt, fremdes Land zu erobern, dann diese: daß es dem Land am Ende besser geht als zuvor. Daß der Eroberer mehr gibt als nimmt – Recht, Kultur, neue Technik, den besseren Staat. So war es mit Germanien unter den Römern. So war es mit Preußen unter dem Deutschen Orden. So war es nicht mit den deutschen Eroberungen dieses Jahrhunderts, und so war es ebensowenig mit Osteuropa unter Rußland, es sei denn, man fände Gefallen daran, zuzusehen, wie ein Land aus der Zeit fällt, zurück in die Naturgeschichte. Aber das ist nicht der Blick des Eroberers noch der des Eroberten. Es ist der Blick des Fremden, der kommt, sieht, weiterzieht.

Ich trank süßen Tee in der einzigen «Stolowaja» eines alten backsteinernen Städtchens und sah einen übermenschlich großen, makellos goldenen Lenin durchs trübe Fenster der schmuddeligen Kantine scheinen. Er stand auf dem Markt und reckte den Arm über die ramponierten barocken und klassizistischen Häuser, und wäre das Gold echt und das Nichtindividuelle der klobigen Figur innerlicher gewesen, gesammelter, und ihre Geste nicht so ausgreifend herrisch – sie hätte etwas Altasiatisches gehabt. Im Wald bei Preußisch-Eylau stand das alte Denkmal, das der Schlacht, die hier im Februar 1807 gegen Napoleon geschlagen wurde, gewidmet war und der russisch-preußischen Waffenbrüderschaft. Auf den Prunkkanonen mit ihren royalistischen Inschriften lagen frische Blumen, und auf den Wiesen neben der Allee standen Störche und staksten wie Geschwader sowjetischer Kampfflugzeuge. Ich fuhr so langsam, daß ein Reiter mich überholte. Hinter ihm saß sein kleiner Sohn mit verdrehtem Kopf. Er hielt mit beiden Armen seinen Vater umschlungen und schaute dem fremden Auto nach.

Das Land war so leer. Es war noch menschenleerer als in deutscher Zeit. Es lag manchmal brach. Seine größte Stadt hatte das Feuer geholt, und seine Parks und Schlösser holte sich der Wald. In Ostpreußen sah ich, wie klein und voll das Land war, aus dem ich kam. Diese östliche Leere hatte einmal dazugehört: Gegenwelt zum produktiven Eifer und zur Beschleunigung des Westens.

In Kaliningrad hatte ich die Frau getroffen, die als junges Mädchen das letzte Kontingent der Vertreibung verpaßt hatte, den letzten Zug nach Westen, nach Deutschland. Ein dummer Irrtum, eine kleine Verspätung, die ihr Leben entschied. In dem verpaßten Zug saßen alle ihre Geschwister, ihre Familie, der ostpreußische Rest. Sie sah sich um und war als einzige noch da, und das blieb sie fünfundvierzig Jahre lang: die, die den letzten Zug verpaßt hatte.

In der Halle des Hotels Kaliningrad stand ein pensionierter russischer Oberst, der, wie alle seine Freunde, von der Pension nicht leben und nicht sterben konnte und versuchte, Pförtner zu sein. Es gelang ihm schlecht. Seine Aufmerksamkeit wurde ständig abgelenkt von den Gästen, die er eher bestaunte als bediente. Der kurzgeschorene Landsmann, dessen Geschäfte es ihm erlaubten, sich das ganze Jahr über eine Suite zu halten, die er nutzte, wenn er in der Stadt war. Seine Entourage aus kräftigen jungen Männern. Die Straßenjungen, die immer wieder versuchten, einen Fuß in die Tür zu kriegen. Ältere deutsche Herrschaften, entschlossen, bei der lange ersehnten, nun gefürchteten Begegnung mit dem früheren Leben die Contenance zu wahren, guten Willens, auch die Bemühungen und die Gastfreundschaft der armen neuen Herren ihrer alten Güter zu würdigen. Nicht allzu eilig gingen sie durch die verhangene, halbdunkle Hotelhalle, etwas angespannt, aber gefaßt und untergehakt von Töchtern, Neffen, Enkeln, die sie geleiteten wie zu einer Beerdigung. Das waren diese Reisen auch. Jede endete mit der Beerdigung einer Kindheit. Eine dieser alten Damen hatte während der Autofahrt durch die verfallenen Dörfer beschlossen, ihre unbeschädigte Erinnerung mehr zu lieben als die schadhafte Wahrheit: Fünf Minuten vor dem Ziel ihrer fünfundvierzigjährigen Sehnsucht ließ sie kehrtmachen.

Ich war weiter an der Grenze entlang in Richtung Gerdauen gefahren, als mir ein stattliches Haus auffiel, das renoviert wurde. Der Mann auf der Treppe kam mir bekannt vor, ich ihm anscheinend auch, denn er ging auf mich zu. Er erkannte mich zuerst. Es war der Sohn des alten Lehrers Gomer aus Orlowka. Ich war durch Zufall auf das neue ostpreußische Haus der Familie gestoßen, deren Abschied von ihrem Dorf und ihrem verkauften Haus ich letztes Jahr in Kirgisien erlebt hatte, in Orlowka. Sie waren beinahe wieder dort angekommen, von wo ihre Vorfahren vor hundertfünfzig Jahren aufgebrochen waren. Das erste Orloff lag am Westufer der Danziger Bucht, auf deren östlicher Seite sie siedelten. Man könnte in ein paar Stunden dort sein, wo die ganze Geschichte vor bald zweihundert Jahren begonnen hatte. Wir gingen ins Haus. Es war vor dem Krieg das Haus eines Ziegeleibesitzers gewesen. Die vierhändigen Cousinen erschienen, Marina und Inge. In der Diele zeichnete sich ein großer Kasten unter einer darübergeworfenen Bauplane ab. Ich hob ein Ende hoch. Es war das Klavier. Marina schlug die Plane zurück und begann zu spielen.